JN320153

IT Service Management

ITサービスマネジメント構築の実践
ISO 20000とITILの内部統制整備への活用

KPMGビジネスアシュアランス㈱ 編

日科技連

まえがき

　わが国における国内総生産や就業人口のうちサービス業が占める割合は年々増加しているが、IT分野においても同様の傾向が見られる。従来、IT産業の主流であったハードウェア販売やソフトウェア開発に代わり、今や全体に占めるサービス売上の割合が大きくなっている。これにともないITサービス事業者にとって、サービスの品質や顧客満足度の向上は、他社との差別化や顧客維持のために必要不可欠となっている。しかし、これまでサービス業における品質や顧客満足度を高めるための取組みは、製造業と比べると個人の裁量に任されている部分が多かったのではないだろうか。ITサービス業界が価格競争の世界から抜け出すためにも、組織やサービス全体として品質を高め、それを維持向上していく仕組みが重要になってきている。

　本書は、ITサービスにかかわるマネジメントシステムの国際規格であるISO/IEC 20000（ISO 20000）やITサービスマネジメントシステムのベストプラクティスであるITILを活用して、ITサービスマネジメントの構築を進めるための参考書である。なお、本書では、ITサービスマネジメントとITサービスマネジメントシステムを同じ意味で使用している。

　現在、ISO 20000はJIS化され、国内においてもISO 20000の認証制度が立ち上がっているが、本書は認証取得だけを目的としたものではない。認証取得の有無にかかわらず、現在のITサービスの品質を向上させ、顧客や社内のユーザ部門の満足度を高め、ITサービスの付加価値を高めたいと考えている企業の管理者や担当者に読んでいただくことを念頭

まえがき

に執筆した。

　本書は、「ITサービスマネジメントの構築手順」を解説した第Ⅰ部と、ITサービスマネジメントを構築するうえで必要となる個々の「管理プロセスの整備上のポイント」を解説した第Ⅱ部から構成されている。

　第Ⅰ部では、ITサービスマネジメント構築プロジェクトの全体像をつかみ、プロジェクトをどう進めていけばよいのかを記述している。また、第Ⅱ部では、各管理プロセスの整備を行うにあたっての手順やポイントを記述している。第Ⅰ部はプロジェクトの事務局向け、第Ⅱ部は各管理プロセスの構築担当者向けに記述したものである。しかし、プロジェクトの関係者全員が本書のすべてに目をとおすことをお勧めしたい。なぜなら、プロジェクトを円滑に進めるためには、関係者全員がプロジェクトの全体像やITサービスマネジメント構築の目的や効果を把握しておかなければならないからである。また、各管理プロセスは相互に密接に関係しているため、各管理プロセスの整備を行うにあたっては、他の管理プロセスを理解しておくことが必要だからである。なお、第Ⅱ部では、特に関係の深い管理プロセスをまとめて、ひとつの章で説明を行っている。管理プロセスの整備を行う際は、この章立ても参考にしていただきたい。

　さらに、本書では、認証取得上のポイントを各章で記述している。認証取得を視野に入れている企業は、ぜひ参考にしていただきたい。適切なITサービスマネジメントを構築すれば、その結果として、認証が取得できるはずである。しかし、認証取得特有の決まりごとなども存在するため、認証取得予定の企業は、このポイントもおさえておいたほうがよい。

　最後に、本書を執筆するにあたって、協力してくれたKPMGビジネスアシュアランスのメンバに深く感謝の意を表すしだいである。また、本書の出版の機会を与えていただき、編集上のアドバイスを行っていた

だいた日科技連出版社の鈴木兄宏氏、清水秋秀氏の両氏に、この場を借りて深く御礼申し上げる。

2007年7月

KPMGビジネスアシュアランス株式会社

マネージングディレクター　榎　木　千　昭

《本書の構成》

第Ⅰ部 構築手順の解説

第1章	ITサービスマネジメント概説
第2章	プロジェクト計画の策定
第3章	マネジメントシステムの確立
第4章	ITサービスのリスクアセスメント
第5章	管理プロセスの確立
第6章	監視活動と内部監査
第7章	継続的な改善活動とマネジメントサイクルの運営

第Ⅱ部 管理プロセスの解説（管理プロセスごとに詳細に解説）

第8章	SLA策定とステークホルダとの関係構築 サービスレベル管理・サプライヤ管理・顧客関係管理
第9章	ユーザ対応および問題解決プロセスの確立 サービスデスク・インシデント管理・問題管理
第10章	構成情報の更新プロセスと管理基盤の整備 構成管理・変更管理・リリース管理
第11章	情報セキュリティにかかわるリスクとその管理 情報セキュリティ管理
第12章	高可用性と継続性の実現 可用性管理・ITサービス継続性管理
第13章	ITサービスの資源とコストの最適化 キャパシティ管理・ITサービス財務管理

ITサービスマネジメント
構築の実践

目次

ITサービスマネジメント構築の実践　目次

まえがき …………………………… *iii* 　　本書の構成 …………………………… *vi*

第Ⅰ部　ITサービスマネジメントの構築手順

第1章　ITサービスマネジメント概説 …………………………… *3*
- 1.1 ● ITサービス提供者に求められるもの …………………………… *3*
- 1.2 ● ITサービスマネジメントの概要 …………………………… *6*
- 1.3 ● ITILとISO 20000 …………………………… *9*

第2章　プロジェクト計画の策定 …………………………… *19*
- 2.1 ● 事前準備 …………………………… *19*
- 2.2 ● マネジメントシステムの統合 …………………………… *24*
- 2.3 ● プロジェクト計画の策定 …………………………… *28*

第3章　マネジメントシステムの確立 …………………………… *35*
- 3.1 ● 対象範囲と基本方針の決定 …………………………… *35*
- 3.2 ● 目標と測定指標の設定 …………………………… *39*
- 3.3 ● マネジメントシステムの設計 …………………………… *43*

第4章　ITサービスのリスクアセスメント …………………………… *61*
- 4.1 ● リスクアセスメントの概要 …………………………… *61*
- 4.2 ● リスクアセスメントの実施 …………………………… *66*
- 4.3 ● リスク対応 …………………………… *70*

第5章　管理プロセスの確立 …………………………… *75*
- 5.1 ● プロセスアプローチの考え方 …………………………… *75*
- 5.2 ● 管理プロセスの設計と実装 …………………………… *76*
- 5.3 ● KPIの測定スキームの導入 …………………………… *82*

第6章　監視活動と内部監査 …………………………… *87*
- 6.1 ● 監視活動 …………………………… *87*
- 6.2 ● 内部監査 …………………………… *89*

第7章　継続的な改善活動とマネジメントサイクルの運営 …………………………… *99*
- 7.1 ● 継続的な改善活動 …………………………… *99*
- 7.2 ● 継続的なマネジメントシステムの運営 …………………………… *104*
- 7.3 ● 新規ITサービス提供時の対応 …………………………… *105*
- 7.4 ● 経営層の積極的な関与 …………………………… *108*

第Ⅱ部　ITサービスマネジメントの管理プロセス

第8章　SLA策定とステークホルダとの関係構築 …………………… 115
- 8.1 ● SLAを起点とした顧客との関係構築 ……………………… 115
- 8.2 ● SLA導入計画の策定 ………………………………………… 120
- 8.3 ● サービスレベル管理プロセスの整備 ……………………… 125

第9章　ユーザ対応および問題解決プロセスの確立 …………………… 133
- 9.1 ● サービスデスクの機能と役割 ……………………………… 133
- 9.2 ● 解決プロセスとしてのインシデント管理と問題管理 …… 136
- 9.3 ● インシデント管理のプロセス整備 ………………………… 142
- 9.4 ● 問題管理のプロセス整備 …………………………………… 146

第10章　構成情報の更新プロセスと管理基盤の整備 ………………… 151
- 10.1 ● 各管理プロセスの関係と構成管理データベース ………… 151
- 10.2 ● 構成管理の概要とプロセス整備 …………………………… 155
- 10.3 ● 変更管理の概要とプロセス整備 …………………………… 165
- 10.4 ● リリース管理の概要とプロセス整備 ……………………… 174

第11章　情報セキュリティにかかわるリスクとその管理 …………… 181
- 11.1 ● 情報セキュリティ管理プロセス整備の2つのアプローチ … 181
- 11.2 ● ISMSとITサービスマネジメントの管理プロセスの関係 … 185

第12章　高可用性と継続性の実現 ……………………………………… 191
- 12.1 ● 可用性および継続性管理の考え方とその関係 …………… 191
- 12.2 ● 可用性管理プロセスの整備 ………………………………… 200
- 12.3 ● ITサービス継続性管理プロセスの整備 …………………… 204

第13章　ITサービスの資源とコストの最適化 ………………………… 211
- 13.1 ● 事業計画とITサービス提供能力 …………………………… 211
- 13.2 ● キャパシティ管理の概要とプロセス整備 ………………… 213
- 13.3 ● ITサービス財務管理プロセスの構築 ……………………… 219

付録　ITIL用語とJIS Q 20000用語の対比表 …… 227
参考文献 ………………………………………………… 233
索　引 …………………………………………………… 235

第 I 部

ITサービスマネジメントの構築手順

　第Ⅰ部では、ITサービスマネジメントを構築するためのプロジェクトの立ち上げから、構築後の運用までの一連の手順を解説する。プロジェクトを円滑に進めていくためには、ITサービスマネジメント構築の目的や効果、およびこれから進めるプロジェクトの全体像を関係者全員が理解しておくことが重要である。また、プロジェクトの事務局は、プロジェクト計画の立案時や各フェーズでの作業実施時に第Ⅰ部の各章を参考にして、各フェーズの作業の目的と内容を改めて確認し、関係者に適切な指示を出すことが必要である。

第1章 ITサービスマネジメント概説

本章では、ITサービスマネジメントの概要と、その必要性を理解するために、現在のITサービスを取り巻く外部環境やその実態を説明する。また、ITサービスマネジメントの構築において、不可欠となるITILとISO 20000についてふれるとともに、ISO 20000にもとづく認証制度の概要についても説明する。

1.1 ITサービス提供者に求められるもの

ここでは、ITサービス提供者がなぜITサービスマネジメントの構築に取り組まなければならないのか、その背景について説明する。なお、本書では、企業内の情報システム部門および企業にITサービスを提供するITサービス事業者の両者を合わせて「ITサービス提供者」と呼ぶことにする。

(1) ITサービス提供者を取り巻く環境

(a) 情報技術の進展によるITサービスの拡大

情報技術(IT)の進展、特に、クライアント・サーバやネットワークの普及は、企業の情報システムを集中処理から分散処理に移行させた。また、インターネットの普及により、インターネット販売やASP(アプリケーションサービスプロバイダ)、ポータルサイトや情報共有サイト

第1章 ITサービスマネジメント概説

などのインターネットビジネスは飛躍的に拡大した。情報システムの分散化やインターネットビジネスの拡大にともない、サーバのホスティング（レンタル）などの運用管理サービスやWebコンテンツの保守サービスなどの関連ビジネスも同時に拡大した。これらは、いずれもITサービスと呼ぶことができる。

図表1.1に示すようにITサービスの市場が急速に拡大していくなかで、既存のITベンダに留まらず、ベンチャー企業をはじめとした多くの企業が、この市場に参入してきた。これにより、顧客の選択肢は広がったものの、提供されるITサービスの品質と価格の格差も広がった。ITサービスが重要な社会インフラとなりつつある今、ITサービス全体の品質水準の底上げが必要になってきている。

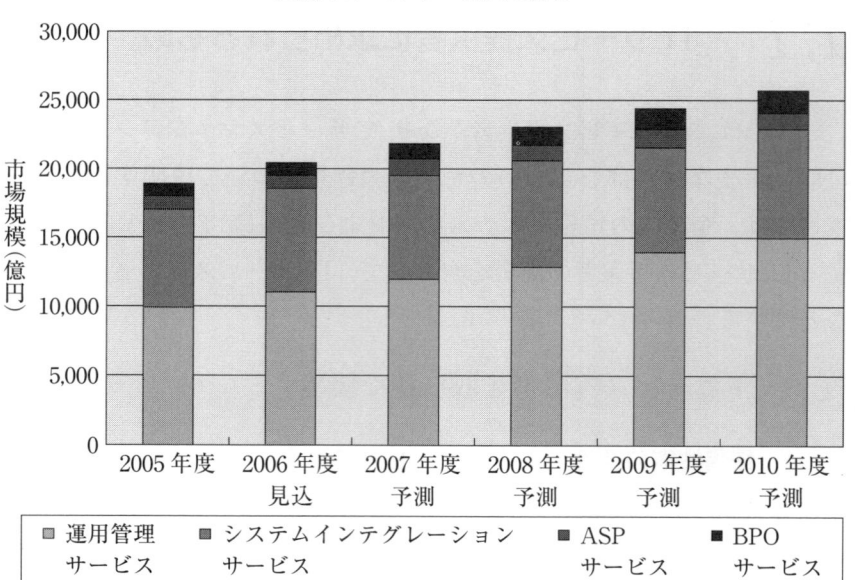

図表1.1 ITサービスの伸び

出所）矢野経済研究所：プレスリリース「ITアウトソーシングサービス市場に関する調査」、2007年1月31日、http://www.yano.co.jp/press/pdf/224.pdf

(b) 企業内の情報システム運用業務の実態

企業内に目を向けると、情報システムは重要な経営資源のひとつとなり、情報システムのコストや情報システム障害による損失が企業経営に大きな影響を与えるようになった。また、クライアント・サーバの普及により、各部門がビジネスニーズにもとづき、情報システム部門を介さず、機動的に情報システムを導入することが可能となった。しかし、このことは情報システムを各所に散在させ、全体としての管理が行き届かないという状況を生み出した。その結果、情報システムの障害や情報セキュリティの事故が増え、運用コストは年々膨れ上がっている。

このような事態に陥った大きな理由のひとつは、多くの企業が、情報システムの運用業務をコスト削減の対象として捉えてきたことにある。企業間の競争が激化するなか、新たな情報システム構築費用の捻出のため、運用業務の要員を削減したり、安易な外部委託を行う企業が増えた。その結果、運用業務が属人化し、そのため業務手順の文書化がほとんど行われていない状況が多く見られる。また、このような事態に対処するために行った安易な外部委託は、人材の空洞化やコストのブラックボックス化を生じさせた。

自社のビジネスの現場にITサービスを提供する立場である情報システム部門は、今、その存在意義を問われ、改革を迫られている。

(c) コンプライアンスへの対応

情報システムの置かれている環境は、コンプライアンス（法令等遵守）という面でも大きな変化が生じている。個人情報保護法の成立・施行、情報セキュリティマネジメントの国際規格ISO 27001の制定やそれにもとづく認証制度の普及によって、情報システムへのセキュリティの要求は急速に高まった。また、ITサービスの発注時に認証取得を取引要件とする企業や公共機関も増えた。

さらには、2006年に金融商品取引法が成立し、株式公開企業にとって情報システムを含む内部統制の整備が急務となっている。このことは、株式公開企業だけの問題ではなく、企業からITサービスを受託している事業者にも同様の対応が必要となっている。

これまでのように、単に機能面での要件を満たせばよいという考え方では、もはやITサービスの提供や情報システムの開発はできなくなっているのである。

(2) 求められる適正コストと高品質サービスの実現

ITサービス提供者は、従来はいかに機能面から顧客を満足させるか、すなわち、どのような機能をもったITサービスを提供するかということに主眼を置いていた。しかし、前述した状況から、これからは、ITサービス全体として、いかに期待どおり(あるいは期待以上)の「サービス」が提供できるかといったことが問われてくるだろう。

すなわち、単なる機能面の満足だけでなく、迅速かつ丁寧なユーザサポート、セキュリティ事故やサービス停止を生じさせないこと、各種の法令や標準に従っていることなどの総合的な満足度が重要になってくる。それに加えて、提供されるITサービスのコストの妥当性についての説明責任も求められてくるだろう。このことは、ITサービス事業者だけでなく、企業の情報システム部門においても同様である。

1.2 ITサービスマネジメントの概要

ここでは、ITサービスマネジメントの構築方法の解説に先立ち、ITサービスやITサービスマネジメントの考え方を整理する。

(1) ITサービスとは

　ITサービスとは、「顧客がビジネスを行うにあたって必要となる機能をITによって提供するサービス」ということができる(**図表1.2**)。なお、本書における顧客とは、社内外を問わず、提供を受けるITサービスの内容や品質レベル、および費用などについての意思決定権をもつ組織や人を指している。

　また、ユーザとは、ITサービスを直接受けて、業務を行う組織や人を指す。今や(企業内の管理業務を含めた)ほとんどのビジネスは、このITなしでは成り立たない。ここで顧客が必要とするものは、ハードウェアやソフトウェアだけでなく、使い方がわからなくなった場合や障害発生時のサポート、機器やソフトウェアの更改など、総合的なITサービスである。

　インターネットを利用した販売や銀行取引などは、直接、個人が企業の提供するITサービスを利用していることになる。このようにITサービスは、企業内だけでなく、直接個人が利用するような社会インフラになっているのである。

(2) ITサービスマネジメントとは

　ITサービスマネジメントとは、「顧客とそのビジネスを効果的に支援する、高品質のITサービスを適正なコストで継続的に提供できるようにするための仕組み」である。

　従来から情報システムの品質やコストなどをテーマにした議論はさまざまな形でなされてきたが、それらは主に情報システムの開発に焦点が当てられていた。いかにして仕様書どおりに、障害の発生しない情報システムを、予算どおりに、開発するかといった議論である。

　一方、構築後の情報システムの運用の品質についてはやや軽視されて

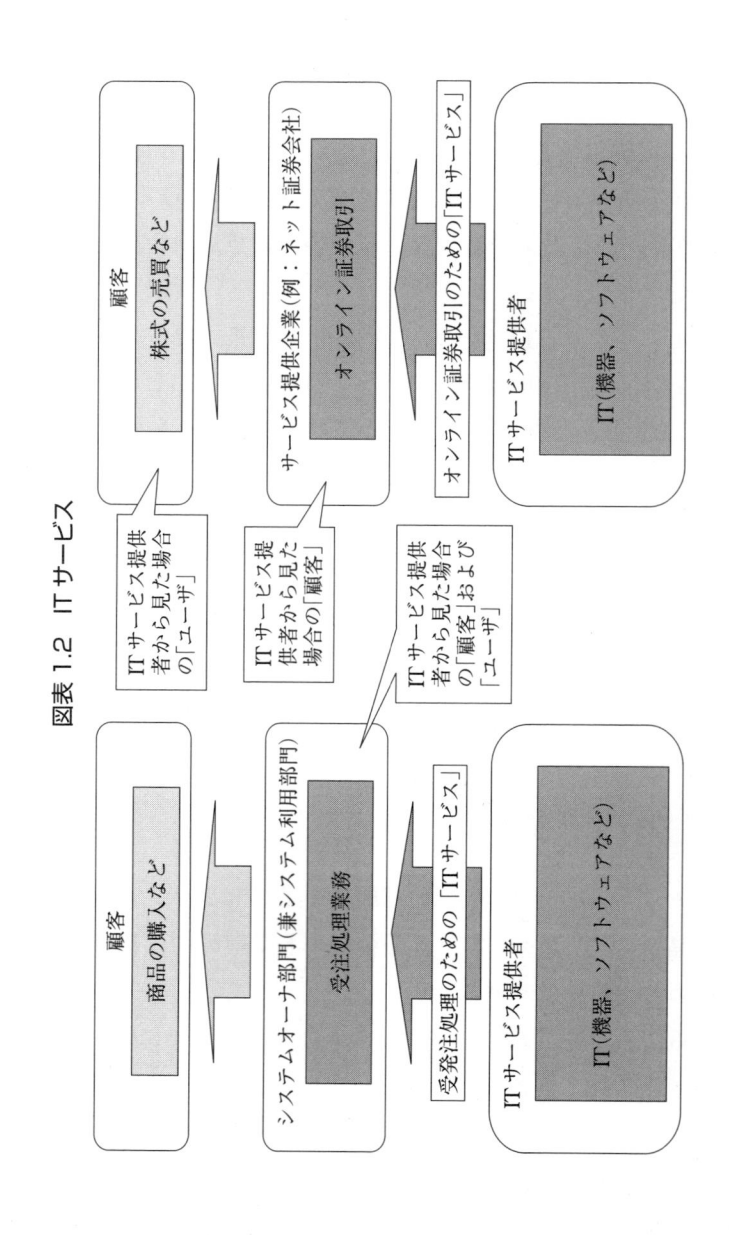

第1章 ITサービスマネジメント概説

図表1.2 ITサービス

顧客
株式の売買など

↑

サービス提供企業（例：ネット証券会社）
オンライン証券取引

↑ オンライン証券取引のための「ITサービス」

ITサービス提供者
IT（機器、ソフトウェアなど）

- ITサービス提供者から見た場合の「ユーザ」
- ITサービス提供者から見た場合の「顧客」

【下段】
顧客
商品の購入など

↑

システムオーナ部門（兼システム利用部門）
受発注処理業務

↑ 受発注処理のための「ITサービス」

ITサービス提供者
IT（機器、ソフトウェアなど）

- ITサービス提供者から見た場合の「顧客」および「ユーザ」

きた。しかし、情報システムの形態が前述のように分散型に移行するに従って、さまざまな品質上の問題とコストのブラックボックス化が生じ、ようやく運用業務にも関心が向かい始めたのである。

　本書で取り上げるITサービスマネジメントとは、この運用業務（ITサービスの提供）に焦点を当てたものである。

　ITサービスマネジメントにおける品質向上とコスト適正化の第一歩は、ITサービスを受ける側の期待値とのギャップを埋めることである。具体的には、サービスレベル合意書（Service Level Agreement：SLA）を通じて合意されるITサービスの内容と、そのために必要となるコストが起点となる。SLAを策定し、ITサービスがSLAどおりに適正なコストで提供されているか、提供されていないのであればどのように改善していくのか、といった計画（Plan）・実行（Do）・評価（Check）・見直し（Act）のPDCAのサイクルを回す仕組みがITサービスマネジメントである。

　もちろん、適正コストにもとづくSLAの遵守だけがITサービスマネジメントの目的ではない。顧客のITサービス全体に対する満足度や顧客のビジネス価値の増大こそがITサービスマネジメントの本来の目的である。

1.3　ITILとISO 20000

　ITサービスマネジメントを構築するうえで、キーワードとなるのがITILとISO 20000である。しかし、ITサービスマネジメントの構築とはITILの導入やISO 20000の認証取得そのものではない。ここでは、ITILやISO 20000が制定された経緯を説明し、ITサービスマネジメントとの関係を整理する。

(1) ITILとは

1980年代後半、英国の行政機関においてITサービスの外部委託が急速に拡大し、ITに対する投資は増加する一方であった。英国政府は、IT先進企業におけるITサービス管理についての方法論を調査し、その結果をベストプラクティスとしてまとめた。これが、ITIL（IT Infrastructure Library）のベースになったものである。その後、OGC（Office of Government Commerce：英国商務省）が、これをITILとして公表した。ITILは、これまで繰り返し改訂が行われ、現在では、次の7つの書籍として出版されている（**図表1.3**）。

① 『サービスサポート』（Service Support、通称"青本"）
② 『サービスデリバリ』（Service Delivery、通称"赤本"）
③ 『ビジネスの観点』（The Business Perspective）
④ 『ICTインフラストラクチャ管理』（ICT Infrastructure Management）
⑤ 『アプリケーション管理』（Application Management）
⑥ 『サービスマネジメント導入計画立案』（Planning to Implementation Service Management）
⑦ 『セキュリティ管理』（Security Management）

これら7つの書籍のうち中核になるものが、『サービスサポート』と『サービスデリバリ』である。

『サービスサポート』とは、日常の情報システムの運用やユーザサポートに関して記述したもので、1つの機能と5つのプロセスからなる。具体的には、ユーザからの問合せ窓口となる「サービスデスク」機能と、これと関係の深い「インシデント管理」、「問題管理」、「構成管理」、「変更管理」、「リリース管理」の5つのプロセスである。

『サービスデリバリ』とは、情報システムの運用管理に関する中長期

1.3 ITILとISO 20000

図表1.3　ITILの書籍

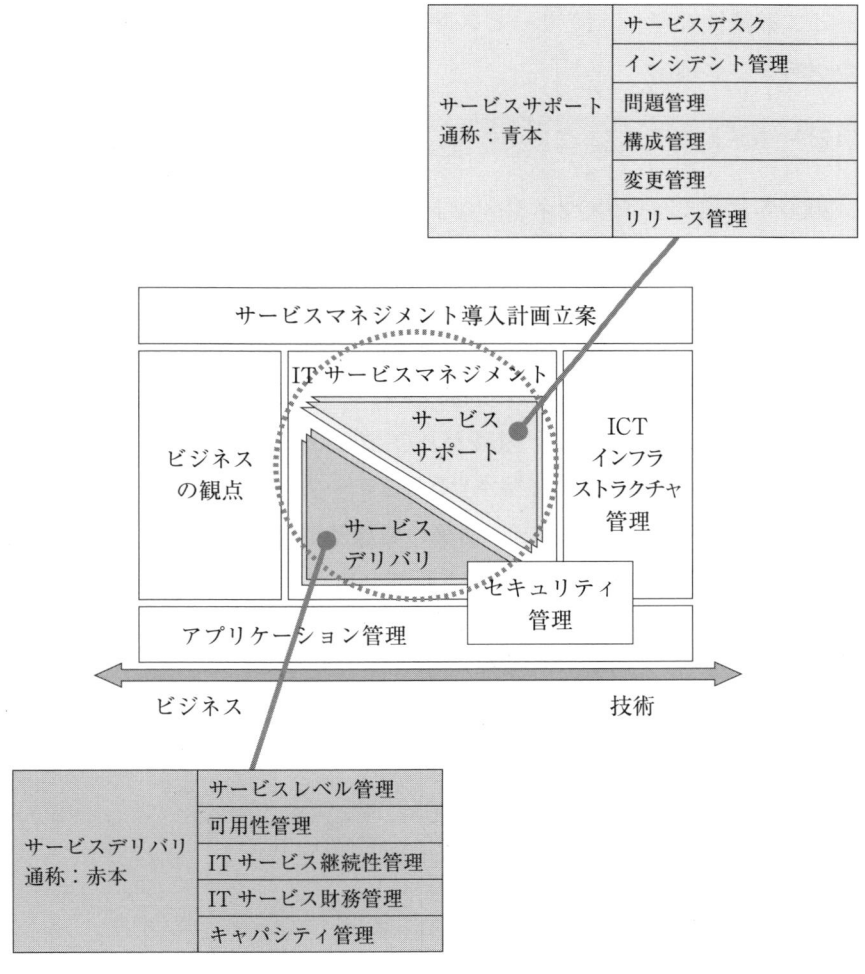

サービスサポート 通称：青本	サービスデスク
	インシデント管理
	問題管理
	構成管理
	変更管理
	リリース管理

サービスマネジメント導入計画立案

ITサービスマネジメント

ビジネスの観点　／　サービスサポート　／　ICTインフラストラクチャ管理

サービスデリバリ　／　セキュリティ管理

アプリケーション管理

←ビジネス　　　　　技術→

サービスデリバリ 通称：赤本	サービスレベル管理
	可用性管理
	ITサービス継続性管理
	ITサービス財務管理
	キャパシティ管理

出所）　ITILをもとに作成

的な計画と改善についてまとめたもので、5つのプロセスから構成される。5つのプロセスのうち、中核となるのが「サービスレベル管理」である。サービスレベル管理のなかで顧客と取り決めたサービスレベル

第1章 ITサービスマネジメント概説

(SLA)を達成するために必要なプロセスとして「可用性管理」、「ITサービス継続性管理」、「ITサービス財務管理」、「キャパシティ管理」の4つがある。

(2) ISO 20000とは

2000年にITサービスマネジメントの英国規格(British Standard)としてBS 15000が発行された。その後2005年に、BS 15000は国際規格であるISO/IEC 20000になった(本書では、ISO 20000と表記する)。ISO 20000は、パート1、パート2の2つの規格で構成されている。

ISO 20000とITILの関係は、**図表1.4**のように示すことができる。

ISO 20000のパート1は、組織がISO 20000にもとづく認証を取得する際の仕様の要求事項(認証基準)である。一方、ISO 20000のパート2とは、ITサービスマネジメント構築の実施基準であり、パート1の要求事項を満たすための参考例が記載されている。

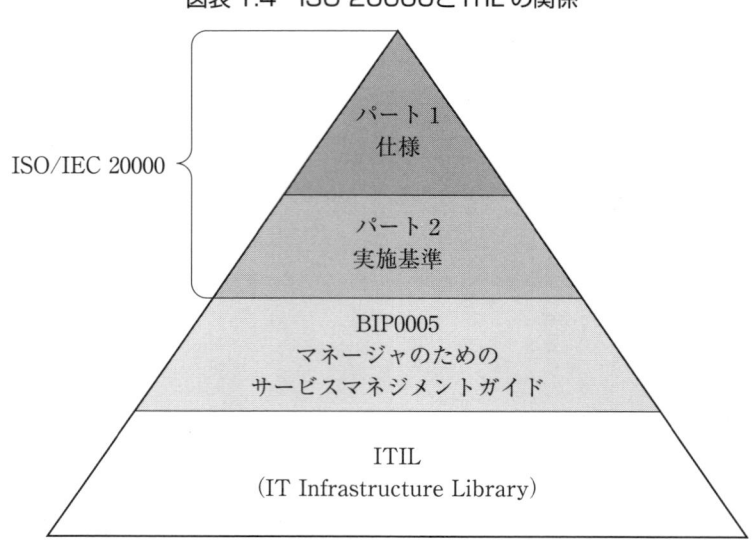

図表1.4　ISO 20000とITILの関係

```
                    ▲
                   ╱ ╲
                  ╱パート1╲
                 ╱  仕様   ╲
   ISO/IEC 20000╱───────────╲
                ╱  パート2    ╲
               ╱   実施基準    ╲
              ╱─────────────────╲
             ╱     BIP0005        ╲
            ╱   マネージャのための   ╲
           ╱ サービスマネジメントガイド ╲
          ╱─────────────────────────╲
         ╱          ITIL              ╲
        ╱   (IT Infrastructure Library) ╲
       ╱───────────────────────────────────╲
```

12

実際に、組織がITサービスマネジメントの各管理プロセスを設計する際には、ITILが提供するベストプラクティス(成功事例)を参照しながら、自己の組織や業務に応じた手順書を作成することになる。

BIP0005は、ITサービスマネジメントを構築する際の管理者のためのガイドであり、ISO 20000とITILをつなぐ役割を果たすものである。また、BIP0005を補足するためのチェックリストとしてPD0015がある。

図表1.5に示すようにISO 20000とITILの目次構成は、異なるものの、基本的に整合性がとれている。しかし、ITILではマネジメントシステムの要求事項が明確に定められていない。これは、ISO 20000が単なるITサービス管理のベストプラクティス集ではなく、ITサービスの品質を継続的に維持・向上していくための仕組み(マネジメントシステム)を提供するものだからである。

(3) ITサービスマネジメントの認証制度

組織が対象とするITサービスについて適切なマネジメントシステムが構築・運用されているかどうかをISO 20000のパート1(認証基準)に従って審査し、認定機関が登録・公開するのが認証制度である。そもそもITサービスマネジメントの認証は、BS 15000の規格のときに、ITILの普及促進団体であるITサービスマネジメントフォーラム(*it*SMF)を認定機関として開始された。規格のISO化にともない、現在、*it*SMFでもISO 20000にもとづく認証制度を運営している。

わが国においては、ISMS(情報セキュリティマネジメントシステム)の認証制度を運営している日本情報処理開発協会(JIPDEC)を認定機関として2007年4月からISO 20000にもとづく認証制度が開始された。

さて、ITサービスマネジメントの構築に加えて、認証を取得することの意義は何であろうか。ITサービスマネジメント認証取得の効果としては、次の3つの事項を挙げることができる。

第1章 ITサービスマネジメント概説

図表 1.5　ISO 20000 と ITIL の対比表

ISO 20000-1（JIS Q 20000-1）		ITIL
1. 適用範囲		
2. 用語及び定義		
3. マネジメントシステム要求事項		
4. サービスマネジメントの計画及び導入		サービスマネジメント導入計画立案
5. 新規サービス又はサービス変更の計画及び導入		
6. サービス提供プロセス	サービスデリバリ	
6.1　サービスレベル管理（SLM）		サービスレベル管理
6.2　サービスの報告		
6.3　サービス継続及び可用性管理		ITサービス継続性管理
		可用性管理
6.4　サービスの予算業務及び会計業務		ITサービス財務管理
6.5　容量・能力管理		キャパシティ管理
6.6　情報セキュリティ管理		（セキュリティ管理）
7. 関係プロセス	ビジネスの観点	
7.1　一般		
7.2　顧客関係管理		ビジネス関係管理
7.3　供給者管理		サプライヤ関係管理
8. 解決プロセス	サービスサポート	
8.1　背景		
8.2　インシデント管理		インシデント管理
8.3　問題管理		問題管理
9. 統合的制御プロセス		
9.1　構成管理		構成管理
9.2　変更管理		変更管理
10. リリースプロセス		
10.1　リリース管理プロセス		リリース管理

① 既存および潜在的顧客に対する客観的な証明
② 社内外の関係者に対する訴求力
③ 定期的な審査を活用したITサービスマネジメントの維持向上

①については主にITサービス事業者としての効果であるが、②や③に関しては社内の情報システム部門についても活用できるだろう。以下、それぞれについて解説する。

① 既存および潜在的顧客に対する客観的な証明

ITサービスのメニューや具体的なサービス内容については、サービスカタログ（サービスの内容を案内しているパンフレットなど）やSLAによって確認できる。しかし、実際にITサービス事業者がSLAを遵守できるのか、また、自社のビジネスに効果的なITサービスを提供できるのかといったことは、わからない。

ITサービスマネジメントの認証は、ITサービス事業者が顧客の望むITサービスを提供することを直接保証するものではないが、少なくとも組織的にその能力を有していることを証明してくれる。特に、新たなサービスと価格を武器にして、この市場に参入した新興のITサービス事業者にとって、認証取得は、「安かろう。悪かろう」といった印象を払拭するための絶好のお墨付きとなるであろう。

② 社内外の関係者に対する訴求力

ITサービスマネジメントの取組みは、ITサービスを提供している現場やITサービスを提供するために必要なサービスなどを供給している外部の企業の協力が欠かせない。しかし、いずれも日常の業務に追われ、プロジェクトへの参加意識や貢献意欲は低くなる傾向がある。

このような状況では、どの水準に達したら一応の合格点がもらえるのか、といった目標を関係者に明確にするという意味で、認証取得は効果

第1章 ITサービスマネジメント概説

図表 1.6 ITサービスマネジメントの発展経緯

	1989年	1991年	2000年	2002年	2003年	2005年	2006年	2007年
国際的な動向	OGCがITIL公表	itSMF設立	BS 15000発行	BS 15000 Part 1 改訂	BS 15000 Part 2 改訂	ISO 20000発行		
日本国内の動向					itSMF Japan設立		JIPDEC認定事業パイロット運用開始	JIS Q 20000発行 / JIPDEC認定事業正式に開始

16

的である。また、認証を取得し、客観的に自己の業務の品質を認められることで、業務に対するモチベーションが高まることも期待できる。

③　定期的な審査を活用したITサービスマネジメントの維持向上

ITサービスマネジメントは、いったん構築すれば終わりではなく、継続的に評価を行い、見直しを行っていく必要がある。最初の構築時には、関係者の関心が高く、協力を得られても、それを継続させていくのは至難の業である。

認証を取得した場合には、最低年1回の継続審査と3年に1回の更新審査が行われる。この定期審査を道標としてITサービスマネジメントの年度計画や中期計画を立て、実行することができる。また、定期的に第三者の目で取組み状況を見てもらうことによって、より良いITサービスへの改善が可能になる。

最後にITILの公表からJIPDECの認証制度開始までを時系列に表すと**図表1.6**のようになる。

第2章 プロジェクト計画の策定

本章では、ITサービスマネジメントを構築するためのプロジェクト計画の策定やプロジェクト推進のポイントについて解説する。なお、本書では、ITサービスマネジメントを構築するにあたって、ISO 20000およびITILを活用することを前提に記述している。また、本書で利用する用語については、ISO 20000（JIS Q 20000）とITILの日本語訳の両方を必要により使い分けている。ISO 20000（JIS Q 20000）とITILの用語の対比表を巻末の付録に掲載しているので参考にされたい。

2.1 事前準備

本格的にプロジェクトを開始する前に、ITサービスマネジメントを構築する対象範囲を確定し、その構築目的を明確にする必要がある。また、対象範囲において、既に他のマネジメントシステムが運用されている場合には、そのマネジメントシステムとITサービスマネジメントの統合についても検討したほうがよい。

（1） ITサービスの選定と課題の洗出し

ITサービスマネジメントの構築を行う第一歩は、対象とするITサービスを選定することと、その構築の目的を明確にすることである。顧客

からISO 20000の認証を要求されていたり、既に特定のITサービスにおいての課題が明確になっている場合もあるだろう。このような場合、対象とするITサービスや構築目的を明確化することは比較的簡単である。

　一方、何となく、ITサービスマネジメント構築の必要性を感じてはいるものの、どこから手をつけていいのかわからないといった場合や課題が明確でないような場合もあるだろう。このような場合は、最初に、自社のITサービスとその課題を洗い出すことから始める。洗い出す単位は、提供しているITサービスの種類ごとだけでなく、ITサービスを提供する拠点や、顧客ごとに提供している組織が分かれている場合には、それぞれに洗い出すことが必要である。

　以下は、ITサービスにおける課題の例である。

- 顧客の満足度が低い。
- 顧客との間のサービス内容やそのレベルの取り決めがあいまいである。
- 個別のサービス項目ごとや顧客ごとの損益が不明である。
- 障害などへの対応時間がかかりすぎている。
- 情報セキュリティやサービスの継続性に不安がある。
- 資産管理ができていない。
- 業務が属人的であり、文書化されていない。
- 外部委託している業務がブラックボックスになっている。
- 最新の技術が取り入れられておらず、運用が非効率になっている。

　これらの課題の有無や課題が現在および将来のビジネスに与える影響の大きさを考慮して、対象とするITサービスや構築の優先順位を決定していけばよい。

(2) ギャップ分析の実施と対象範囲の確定

(a) ギャップ分析の目的

対象とするITサービスがほぼ確定したら、そのITサービスの管理の実態とISO 20000やITILに規定される内容を比較し、どれほどの乖離があるのか、押さえておく必要がある。これがギャップ分析と呼ばれるものである。この作業の目的は大きく2つに分かれる。

1つ目の目的は、ISO 20000やITILを活用してITサービスマネジメントを構築することが効果的なのかどうかを確認することである。具体的には、ISO 20000やITILで定義された管理プロセスが対象のITサービスに対して、どの程度適用可能かを確認することである。対象とするITサービスによっては、管理プロセスが比較的単純で、ISO 20000やITILを適用するまでもない場合もあるであろう。

また、各管理プロセスが、どの組織や資源によって実行されているのかを確認し、ITサービスマネジメント構築の対象範囲を決定する。管理プロセスの実行において、社内の他の組織やサプライヤ(業務の委託先や資源の供給者)が関係している場合が多い。

2つ目の目的は、プロジェクト計画立案に際しての、必要な作業項目や作業負荷(工数)を明確にすることである。プロジェクトを企画立案する担当部署としては、各作業の実施期間や作業負荷を把握し、関係部署や担当者を特定して、関係部署の責任者などに早期に協力を仰いでおく必要がある。

(b) ギャップ分析の実施方法

ギャップ分析は、プロジェクトの企画立案部署が主導すべきであるが、実際にギャップ分析を実施するには、ITサービスを提供している組織か、外部の専門家に依頼するのが効率的である。

第2章 プロジェクト計画の策定

図表2.1　OGCセルフアセスメントツールの構成

```
┌─────────────────────────────────────────────────────────────┐
│          OGCセルフアセスメントツール（英国itSMF Webサイト）        │
├──────────────────────────┬──────────────────────────────────┤
│    サービスサポート質問票    │      サービスデリバリ質問票         │
└──────────────────────────┴──────────────────────────────────┘
```

サービスサポート質問票：
- サービスデスク質問票
- インシデント管理質問票
- 問題管理質問票
- リリース管理質問票
- 構成管理質問票
- 変更管理質問票

サービスデリバリ質問票：
- サービスレベル管理質問票
- ITサービス継続性管理質問票
- ITサービス財務管理質問票
- 可用性管理質問票
- キャパシティ管理質問票

```
レベル1   ：前提
レベル1.5 ：経営の意向
レベル2   ：プロセスの能力
レベル2.5 ：内部調整
レベル3   ：成果物
レベル3.5 ：品質管理
レベル4   ：管理情報
レベル4.5 ：外部調整
レベル5   ：顧客インタフェース
```

出所）　OGCセルフアセスメントツールをもとに作成

　ギャップ分析は、評価チェックリストを用いて実施する。評価チェックリストとしては、①OGCが策定したセルフアセスメントツール（**図表2.1**）に含まれる質問票（以下、OGCセルフアセスメント質問票という）や、②英国規格協会（BSI）が著作権を有するITサービスマネジメントのセルフアセスメントワークブック（以下、PD0015という）がある。①は、英国のitSMFのWebサイトで質問に回答していくと自動的にITサービスマネジメントの成熟度が評価される。なお、OGCセルフアセスメント

質問票の日本語訳は、*it*SMFから会員向けに無償で提供されている（図表2.2）。また、PD0015の日本語訳は日本規格協会から販売されている。

図表2.2　OGCセルフアセスメント質問票の例

インシデント管理
　サービスデスクは、登録されているすべてのインシデントについて、解決までの過程を監視する責任がある。サービスデスクは、すべてのインシデントの実質的なオーナであるといえる。サービスデスクが即座に解決できないインシデントは、専門グループやチームが対応にあたる。インシデント管理は、次の活動を含む。

インシデントの記録とアラート
　すべてのインシデントは、症状、基礎的な診断データ、構成品目および影響を受けるサービスの情報について記録されるべきである。インシデントが記録される仕組みや経路にかかわらず、サービスデスクは適切なアラートを受け、全般的なコントロールを維持すべきである。
　　　　　　　　　　　　　　⋮

　　　　ITIL サービスサポート　セルフアセスメント：インシデント管理

レベル1：前提
1. 報告されたすべてのインシデントについて記録が維持されているか。　　　　　　　　　　　　　　　　○はい　○いいえ
2. インシデントは、一般的に専門家に照会する前にサービスデスクによって調査され分類されているか。　○はい　○いいえ
3. インシデントを管理し、エスカレーションする責任を有するインシデントマネージャが存在するか。　　○はい　○いいえ

レベル1.5：経営の意向
1. 時宜を得た解決によって、インシデントによるビジネスへの影響を減少させることができるか。　　　　○はい　○いいえ
　　　　　　　　　　　　　　⋮

出所）　OGCセルフアセスメントツールおよび*it*SMF Japan 作成の日本語訳資料をもとに作成

第2章 プロジェクト計画の策定

> **認証取得のポイント**
>
> ISO 20000にもとづくITサービスマネジメントの認証を取得する場合、適用範囲は、ISO 20000で定義されたすべての管理プロセスを含む必要がある。また、コールセンター業務などを適用範囲とした場合、ITサービスは、あくまでコールセンター業務を支援するITの運用が対象となり、コールセンター業務そのものが認証の対象ではないことに注意する。

2.2 マネジメントシステムの統合

ITサービスマネジメントでは、ITサービスの品質や情報セキュリティ管理などを考慮する必要がある。一方、それぞれのマネジメントシステムは、国際標準であるISO 9001およびISO 27001として体系化されている。既にこれらの規格の認証を取得している企業も多数ある。また、認証は取得していないが、規格に準拠したマネジメントシステムを構築している企業も多いだろう。ITサービスマネジメントを構築する場合においては、品質管理や情報セキュリティ管理のマネジメントシステムと別体系で運用を考えるのではなく、これを機会に品質管理や情報セキュリティ管理のマネジメントシステム（以下、それぞれ「QMS」、「ISMS」という）と統合して運用するのが効率的である。

(1) マネジメントシステムの統合とは

ISO 9000：2005の用語の定義によれば、マネジメントシステムとは、「方針及び目標を定め、その目標を達成するためのシステム」(3.2.2)と定義されている。これをわかりやすく説明すると、「経営陣が策定した方針および目標を達成するための継続的改善を図る組織の管理態勢」とい

うことができる。

　企業経営では、方針や目標を達成するために必要な活動を展開し、その結果得られる情報にもとづいて総合的な経営判断を下す必要がある。経営活動には、生産や販売などのように収益に直結するような活動もあれば、情報セキュリティや環境保護のように業務を側面から支える活動もある。いずれにしても、各々適切な「マネジメントシステム」を確立し、継続的にその活動レベルを維持向上させる必要がある。

　ISO 9001、ISO 27001、ISO 20000などのマネジメントシステムの国際規格は、組織がどのようなマネジメントシステムを構築すればよいか、また、それをどのように構築し、運用すればよいかを示す規範として制定されている。企業は、規格に適合するマネジメントシステムを構築することで、経営活動の目的を果たすプロセスを効率的に手に入れることができるのである。

　Plan（計画）、Do（実施）、Check（点検）、Act（見直し）のサイクル（以下、PDCAサイクルという）は、マネジメントシステムの目的である継続的改善を実践するために、どのマネジメントシステムにおいても不可欠である。また、各マネジメントシステムの規格では、PDCAサイクルの構成要素について共通化を図っている（**図表2.3**）。

　この共通要素に着目して、組織内に複数存在するマネジメントシステムの統合を目指すことができる。マネジメントシステムの統合の度合いを深めたい場合は、業務手順を軸として、各マネジメントシステムで必要とされる視点（各マネジメントシステムが対象とする側面）を盛り込んだ手順を整備する。

(2) マネジメントシステムの統合効果

　マネジメントシステムの統合にはどのような効果があるのだろうか。第一の効果は、マネジメントシステムを経営管理のツールとして活用で

第2章 プロジェクト計画の策定

図表2.3 マネジメントシステムの共通要素

ISO 20000-1：2005	ISO 9001：2000	ISO 27001：2005
4. サービスマネジメントの計画及び導入 4.1 サービスマネジメントの計画 (Plan) 4.2 サービスマネジメントの導入及びサービスの提供 (Do) 4.3 監視、測定及びレビュー (Check) 4.4 継続性改善 4.4.1 方針 4.4.2 改善のマネジメント 4.4.3 活動	4. 品質マネジメントシステム 4.1 一般要求事項 8.2.3 プロセスの監視及び測定 8.2.4 製品の監視及び測定 8.5 改善 8.5.1 継続性改善 8.5.2 是正処置 8.5.3 予防処置	4. 情報セキュリティマネジメントシステム 4.1 一般要求事項 4.2 ISMSの確立及び運営管理 4.2.1 ISMSの確立 4.2.2 ISMSの導入及び運用 4.2.3 ISMSの監視及び見直し 4.2.4 ISMSの維持及び改善
3.2 文書化に関する要求事項	4.2 文書化に関する要求事項 4.2.1 一般 4.2.2 品質マニュアル 4.2.3 文書管理 4.2.4 記録の管理	4.3 文書化に関する要求事項 4.3.1 一般 4.3.2 文書管理 4.3.3 記録の管理
3.1 経営陣の責任	5. 経営者の責任 5.1 経営者のコミットメント 5.2 顧客重視 5.3 品質方針 5.4 計画 5.5 責任、権限及びコミュニケーション	5. 経営陣の責任 5.1 経営陣のコミットメント
4.1 サービスマネジメントの計画 (Plan)	6. 資源の運用管理 6.1 資源の提供 6.2 人的資源 6.2.2 力量、認識及び教育・訓練 6.3 インフラストラクチャー 6.4 作業環境	5.2 経営資源の運用管理 5.2.1 経営資源の提供 5.2.2 教育、訓練、意識向上及び力量
4.3 監視、測定及びレビュー (Check)	8.2.2 内部監査	6.1 ISMSの内部監査

(出所) ISO 27001：2005 の附属書 C (参考) をもとに作成

きるようになることである。各マネジメントシステムは、経営の方針や目標のさまざまな側面を具現化する仕組みであり、それらの方針、目標、計画は、経営方針や経営目標、および経営計画と整合をとる必要がある。マネジメントシステムを統合することで、各マネジメントシステム間の整合性が確保され、無駄が取り除かれる。その結果、各マネジメントシステムの方針、目標、計画における相互の矛盾が解消されて経営活動の適正化を図ることが可能となるのである。

第二の効果は、マネジメントシステムの運用負担を軽減できることである。教育、内部監査、第三者審査などをマネジメントシステムごとに実施することは大きな負担となる。マネジメントシステムの統合によってそれらの実施時期や実施内容を統合できれば、コストや時間の面で運用の負担を軽減できる。また、各マネジメントシステムの認証を取得している場合にはマネジメントシステムごとに実施していた第三者審査を同一期間内で実施でき、共通要素（主としてマネジメントシステムのPDCAサイクルの枠組みの部分）を一度に確認できるので審査期間やコストの削減を図ることができる。

(3) QMSとISMSを統合するITサービスマネジメント

ITサービス事業者で既に、ISO 9001やISO 27001の認証を取得している企業は多い。**図表2.3**に示したとおり、QMSとITサービスマネジメントは「品質管理」という概念が一致し、要求事項も類似の項目が多い。また、ITサービスマネジメントには、管理対象のひとつとして情報セキュリティ管理が含まれている。PDCAサイクルは、どのマネジメントシステムでもほぼ共通なので、対象範囲が同じであれば、3つのマネジメントシステムを統合することは容易である。

運用や審査の統合による効果は前述のとおりであるが、ISO 20000がISO 9001やISO 27001の要求事項をほぼ満たしていることから、将来的

には、ISO 20000の認証だけで品質や情報セキュリティについてマーケットに訴求できるかもしれない。

以上のような観点から、マネジメントシステムをどのように統合するかの基本方針を決定したうえで、プロジェクト計画を策定することが望ましい。

2.3 プロジェクト計画の策定

ITサービスマネジメントの構築対象の選定と目的の設定が終了し、他のマネジメントシステムとの統合についての方針が確定したら、今後のプロジェクトの進め方についての計画を策定する。ここでは、まだ、プロジェクト推進体制が整備されていないことから、プロジェクトの企画立案部署が中心となってプロジェクト計画を策定する。

(1) プロジェクト推進体制の整備

ITサービスマネジメント構築のプロジェクト(以下、プロジェクトという)の計画で、最初に行わなければならないことは、プロジェクト推進体制を整備することである。プロジェクト推進体制は、構築だけでなく、その後の運用も考慮して整備しておく。

プロジェクト推進体制では、対象とするITサービスやITインフラ全般の業務を担当する役員を巻き込み、強力なリーダシップの下にプロジェクトを推進する必要がある。プロジェクトは、この役員の下で、実質的にプロジェクトを推進する事務局(以下、事務局という)を置くのが一般的である。アウトソーシングサービスなどを提供するITサービス事業者であれば、経営企画部門や対象のITサービスを提供する事業部門の企画・管理部門が事務局の役割を担うことが多い。また、既存および

潜在的な顧客のための認証取得を念頭においたプロジェクトの場合は、営業企画やマーケティング部門が事務局となることもある。一方、企業の情報システム部門が、ITサービスマネジメントの構築を考える場合は、情報システム部門の企画・管理部門が事務局を担うことが多い。重要な経営課題のひとつとしてITサービスマネジメントの構築に取り組む場合は、経営企画部門や社長室が事務局の中心になるほうがよいだろう。

プロジェクトには、関係各部の代表者の参画が不可欠である。したがって、事務局を中心として、関係各部の代表者で構成するプロジェクトチームを立ち上げる必要がある。プロジェクトチームには、ITサービスを直接提供する部門に加えて、システム開発、営業、法務、財務、総務、人事などの部門から必要に応じて参画する。一見、システムの開発部門は、プロジェクトに直接関係しないように考えられがちであるが、変更管理など、開発部門が関与しなければならないプロセスもある（図表2.4）。

また、PDCAサイクルにおいては、チェック機能としての監査部門の役割が不可欠である。プロジェクトチームに監査部門が参加することは、監査の独立性に抵触するとも捉えられるが、効果の高い監査を実施するためには、立場はどうであれ、当初からプロジェクトの状況を把握しておいてもらうことが望ましい。

（2）作業項目の定義とスケジュールの決定

図表2.5は、プロジェクト全体の流れについて示したものである。

最初に、**図表2.5**の全体の流れに沿って、大まかなプロジェクトのスケジュールを作成する。作成にあたっては、構築や認証取得の期限を定め、**図表2.5**で示されている各作業ステップの期間を設定していく。その後、各作業ステップに関して、詳細な作業項目を作成していく。各作業項目の開始時期や作業期間をスケジュール上に示すことはいうまでも

第2章 プロジェクト計画の策定

図表 2.4　ITサービスマネジメント構築および運営に必要な機能(部門)の例

	システム 開発	システム 運用	企画	営業	法務	総務	財務
サービスレベル管理		●		●			○
可用性管理	○	●		●			
ITサービス継続性管理		●	○	○	○		
ITサービス財務管理		●					●
キャパシティ管理	○	●	●				●
情報セキュリティ管理		●			○		
顧客関係管理	○	●	●	●	○	●	○
サプライヤ管理	○	●	○		○		○
インシデント管理	○	●		○			
問題管理	○	●					
構成管理		●					
変更管理		●		○			
リリース管理	●	●					

注)　●：主体的な活動が必要、○：サポート的な活動が必要

2.3 プロジェクト計画の策定

図表2.5 プロジェクトの流れ

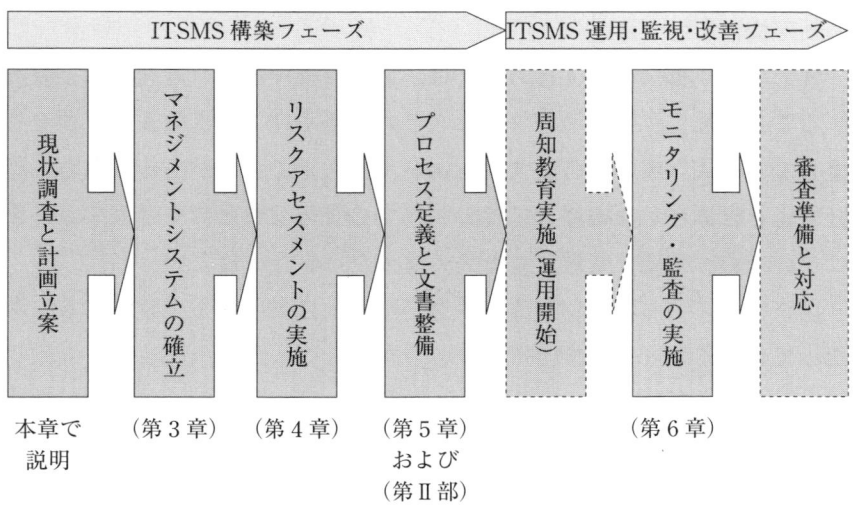

ITSMS構築フェーズ / ITSMS運用・監視・改善フェーズ

- 現状調査と計画立案 — 本章で説明
- マネジメントシステムの確立 — （第3章）
- リスクアセスメントの実施 — （第4章）
- プロセス定義と文書整備 — （第5章）および（第Ⅱ部）
- 周知教育実施（運用開始）
- モニタリング・監査の実施 — （第6章）
- 審査準備と対応

ないが、作業項目ごとの作業実施者、成果物、完了基準も明記する。

作業項目は、できるだけ具体的かつ詳細に記述しておくほうがよい。具体化できないところは大まかな工数や期間を想定しておき、作業が見えてきた段階で詳細化したり、スケジュールを組み直してもよい。

プロジェクトの期間は、1年以内を目処とすることが望ましい。プロジェクトが長期間に及ぶと、プロジェクトに関与する者のモチベーションを維持することが難しいからである。始めから、完璧なものを目指すよりも、継続的に改善を実施していくことでより良いITサービスマネジメントを実現していくことが大切である。

(3) 管理プロセス導入の優先順位

プロジェクトでは、ISO 20000やITILに記述されている管理プロセスの導入が中心となる。第1章で述べたように、ISO 20000やITILでは、多くの管理プロセスが定義されている。また、各管理プロセスは密接に

関係しており、どの管理プロセスから導入するかが、プロジェクト全体の効率性に影響する。

各管理プロセスの導入においては、個別の管理項目や管理手順を設計することに加え、他の管理プロセスとの関係や投入できる人的資源を考慮して、導入作業の順番やスケジュールを考える必要がある。なお、認証取得を目標としない場合には、すべての管理プロセスを導入する必要はないため、必要な管理プロセスの導入だけを行えばよい。

以下に導入する管理プロセスの選定や導入作業の順番を検討するにあたってのポイントを示す。

① 顕在化している問題事象

提供するITサービスに何らかの大きな問題が発生している領域から着手する。例えば、障害時の顧客への対応や障害管理方法に問題を抱えている場合は、その対策としてインシデント管理やサービスデスクの構築から着手する。

② 組織内の潜在的な問題意識

現時点では問題が発生していないものの、管理が行き届いておらず、ITサービスの顧客満足の低下につながる可能性が高いと認識している領域から着手する。例えば、変更管理が正確にできておらず、IT資産管理や障害時のユーザへの対応などに不安がある場合は、その対策として変更管理プロセスから着手する。

③ 容易に導入・整備できる領域

過去の取組みなどによって、ある程度整備されている領域を中心として着手し、他の領域に拡大する。例えば、既に構成管理データベースを構築しているような場合は、構成管理プロセスおよび構成管理プロセス

に関係の深い変更管理やリリース管理などから着手する。

④ 導入・整備に時間を要する領域

整備に長時間かかったり、意思決定や関係者との調整が難航しそうな領域は、早めに着手しなければならない。例えば、サービスレベル管理やサプライヤ管理などは、顧客や外部委託先など外部の組織との折衝をともなうため、早めに作業を開始する。

(4) サプライヤの協力

ITサービス事業者であっても社内の情報システム部門であっても、ITサービスを提供するにあたって、すべての資源を内部だけで調達できる組織は少ないだろう。導入する管理プロセスにもよるが、ハードウェア、ソフトウェア、その他のサービスを提供するサプライヤの協力が不可欠である。例えば、バックアップ用のデータセンターやコールセンター業務を外部に委託している場合には、それぞれ、ITサービス継続性管理とインシデント管理・サービスデスク機能などの管理プロセスの整備においてサプライヤの協力が必要になる。また、顧客とSLAを締結するにあたって、そのSLAの遵守に必要な資源やサービスをサプライヤから調達しているものがあれば、SLAの内容に従って、サプライヤとの契約を行っておかなければならない。

また、ISO 20000には、「供給者管理」(7.3)という管理プロセスがあり、この管理プロセスを整備するにあたっても、サプライヤとの交渉や協力が必要となる。

(5) 段階的な構築方法

ITサービスマネジメントのプロジェクトに限らず、マネジメントシステム構築のプロジェクトでは、段階的な構築を行うことが多い。例え

ば対象範囲については、特定のサービスあるいは特定の組織に限定して構築し、その後、徐々に対象範囲を拡大するといった方法を採ることが可能である。最初に対象範囲を絞ることで、事務局やプロジェクトチームの負荷を軽減できる。また、最初のプロジェクトで方法論や雛形を確定することによって、その後の拡大プロジェクトを効率的に進められる。

一方、認証取得を前提としないITサービスマネジメントの構築プロジェクトでは、対象とする管理プロセスに優先順位を付けて導入することも可能である。また、取組みの深さについても、段階的な構築方法を採ることができる。これは、マネジメントシステムの考え方である「継続的改善」を強く意識した取組み方法である。

(6) 外部の専門家の活用

プロジェクトを推進するにあたって、外部の専門家を活用する方法もある。この場合、どういう目的で外部の専門家を利用するのかを明確にしておかなければ、結果としてその費用を無駄にしてしまう恐れがある。

外部の専門家の利用目的としては次のようなものが挙げられる。

- プロジェクトを短期間で終了させる必要があるため、外部専門家が保有するノウハウや雛形文書を利用したい。
- 作業要員が不足するため、作業を支援する外部専門家を利用したい。
- 事務局がITサービスマネジメントについての知識をもっていない、またはプロジェクトマネジメントの経験がないため、外部専門家にプロジェクトの補佐をお願いしたい。
- 基本的にプロジェクトは自社のメンバで進めるが、他社での事例や専門家としての経験を取り込みたい。

いずれにしても、構築したITサービスマネジメントの運用や継続的改善は自社で進めていくことが必要であるため、外部専門家にあまり依存しすぎず、自社のメンバを中心に進めていくことが望ましい。

第3章 マネジメントシステムの確立

　第2章で説明した「現状調査とプロジェクト計画の立案」が終了したあと、次に取り組む作業は、マネジメントシステムを確立することである。なお、本書では、"ITサービスマネジメント"を、"ITサービスのマネジメントシステム"と同じ意味で使用している。

3.1 対象範囲と基本方針の決定

　プロジェクト計画の立案段階では、ITサービスマネジメント構築の対象の選定と構築目的の設定を行った。また、その後のISO 20000やITILとのギャップ分析などによって、ITサービスマネジメントの構築が、どの組織や業務に影響するかを特定した。ここでは、その結果をもとに、より詳細な対象範囲の確定とITサービスマネジメントを構築するうえでの基本方針を決定する。

(1) 対象範囲の決定

　図表3.1は、ITサービスマネジメントを構築するITサービスの対象範囲について特定したものである。これにより、どのような部門、施設、システム、サプライヤがプロジェクトに関係してくるのかが明らかになる。

第3章 マネジメントシステムの確立

図表 3.1　対象とする IT サービスの特定

```
必要な項目

【サービスの属性】              【SLA 内容】
サービス名称                    SLA の有無
サービス提供拠点（関係拠点）    SLA 締結日・更新日
サービスに関与する組織          契約日・更新日
サービス提供を支えるサプライヤ  契約担当者
サービスのためのインフラ
                                【サービス固有情報】
【サービス提供先】              年間売上
サービス提供先情報              年間費用
サービス提供実績                関与する要員数
                                その他
```

サービス名称	××××××××××サービス	管理 ID	100099999
サービス提供部門	○○○○事業本部 ××××××部 ××××グループ	管理拠点	大阪××センター
営業担当部門	□□□事業本部 △△△部△△△グループ	営業担当	山田○郎 川本××子
その他関連部門	◎◎部、▽▽部、××××××部		
サプライヤ	【保守サービス】 株式会社△△サービス ×××××メンテナンス（株）	【バックアップ】 ××××××倉庫 ○○○データセンター（株）	
IT インフラ、対象要員数	ホスト（IB○） サーバ 10 台	ホスト運用要員	3 人
		C/S 運用要員	5 人
顧客数	××社	主な顧客企業	++++++株式会社 ++++++株式会社 ++++++株式会社 ++++++株式会社
年間売上	×××百万円	年間費用	×××百万円
備考			

> **認証取得のポイント**
>
> ISO 20000の要求事項には、「ITサービスを定義せよ」とは記載されていない。しかし、認証を取得するための適用範囲を明確にするためには対象とするITサービスを特定することが不可欠である。このことは、この後行うリスクアセスメントやSLA整備などの作業にも影響するため、この時点で明確にしておかなければならない。

(2) 基本方針の策定

(a) 基本方針の意義

マネジメントシステムの構築や運営には、経営層の示す基本方針やビジョンが不可欠である。したがって、経営層が示す基本方針やビジョンを記述した文書を策定する必要がある。この文書が「ITサービスマネジメント基本方針」である。

「ITサービスマネジメント基本方針」は、ITサービスマネジメントの構築や運用における最上位の文書として位置づけられる。既に、品質、情報セキュリティ、個人情報保護、コンプライアンスなどのさまざまな「基本方針」を定めている企業も多いだろう。その場合、ITサービスマネジメントの基本方針を定めるにあたっては、他のマネジメントシステムの基本方針との整合性を確認しておかなければならない。また、ITサービスマネジメントと、品質や情報セキュリティなどの他のマネジメントシステムとの統合を計画している場合には、基本方針についても統合することが望ましい。

第3章 マネジメントシステムの確立

(b) 基本方針の記載事項

「ITサービスマネジメント基本方針」には、次のような内容を記載する。

- 経営層(社長や対象とするITサービスの担当役員)のITサービスに関する方針。例えば、提供するITサービスにおいて「顧客満足」、「品質」、「情報セキュリティ」、「サービス継続」、「コスト」の重要度や優先度などの考え方を示す。
- ITサービスマネジメントを構成する管理プロセスごとの目的や方針。これは、ITILに記載されている各管理プロセスの「最終目標」や、ISO 20000に記載される各管理プロセスの「目的」を参考にするとよい。
- ITサービスマネジメントの推進体制。基本方針以外の文書に記載してもかまわない。

図表3.2 「ITサービスマネジメント基本方針」の目次例

```
1. 総則
    1.1  目的
    1.2  対象範囲
    1.3  用語の定義

2. ITサービスマネジメントの基本的考え方
    2.1  基本方針
    2.2  経営陣の責任
    2.3  達成すべき目標・要求事項

3. ITサービスマネジメント推進体制
    3.1  ITサービスマネジメント運用体制
    3.2  ITサービスマネジメント各管理者の役割
    3.3  ITサービスマネジメントリスク管理方針
    3.4  ITサービスマネジメントの教育
    3.5  ITサービスマネジメントの監査
    3.6  他基本方針との関係
```

- ITサービスマネジメントの対象範囲。「ITサービスマネジメント適用範囲定義書」なるものを別途策定してもよい。

「ITサービスマネジメント基本方針」の目次例を図表3.2に示す。

認証取得のポイント

ISO 20000の要求事項には、経営陣の責任としてサービスマネジメントの方針の確立、導入およびサービス提供段階における各管理プロセスの方針の確立、サービスの継続的改善についての方針の公開などが定められている。また、「適用範囲定義書」として対象範囲を明確に定めることも認証取得では必要となる。

3.2 目標と測定指標の設定

マネジメントシステムでは、目標を定め、それを測定し、測定結果にもとづいて改善を実施することが必要である。ITILでは、重要成功要因（Critical Success Factors：CSF）や、CSFの達成度合いを測定する指標である重要業績評価指標（Key Performance Indicators：KPI）を用いて、目標管理を行うことを示している。

(1) 成功要因と測定指標

ここでの「CSF」や「KPI」とは、ITサービスマネジメント基本方針に記載する各管理プロセスの「目標」とは異なる。「目標」は、方針の意味に近い。図表3.3にインシデント管理プロセスにおける目標、CSF、KPIの例を示す。

ITサービスマネジメントでは、ITサービスやそれを支える各管理プ

第3章 マネジメントシステムの確立

図表3.3 「目標」とCSFとKPIの関係

インシデント管理の最終目標　〜ITIL『サービスサポート』より〜
インシデント管理の主な最終目標は、可能な限り迅速に通常のサービス運用を回復することであり、ビジネスへの悪影響を最小限に抑え、提供可能な最高のサービスレベルに品質と可用性を維持することである。

インシデント管理の目的　〜『ISO 20000-1』より〜
顧客へ合意したサービスを可能な限り迅速に回復するため、又はサービス要求に対応するため。

CSFとKPIの例　〜ITIL『サービスマネジメント導入計画立案』より〜	
CSF(重要成功要因)	KPI(重要業績評価指標)
インシデントの迅速な解決	支援要請のコールに対して1次オペレータが応答する平均時間の短縮率
	1次オペレータで解決されたインシデントの増加率
	1次オペレータが最初の応答で解決したインシデントの増加率

ロセスの継続的な改善のために、CSFとその達成度合いを知るための測定可能なKPIが必要である。測定可能なKPIとは、実際に指標として収集可能であるということと、収集に要する労力やコストが妥当であるという意味である。例えば、インシデント管理プロセスにおける測定可能なKPIとしては、ユーザからの障害などの問合せに対する応答時間の短縮率(電話をとるまでの待ち時間)といったものが考えられる。しかし、応答時間がシステムで自動的に記録されていない場合には、実際にはKPIとして収集するのは困難である。各管理プロセスにおけるCSFとKPIの例はITIL書籍の『サービスマネジメント導入計画立案』に記載されているので参考にしてほしい。

認証取得のポイント

ISO 20000の要求事項には、CSFやKPIの用語は見当たらない。

しかし、経営陣がITサービスマネジメントの目的を認定し、その目的の達成度合いを適切な方法で測定しなければならないとしている。

(2) 目標管理の必要性

各管理プロセスの目標およびCSFやKPIは、定義しただけでは意味がない。これらをITサービスマネジメントの維持向上に役立てなければならない。ここでは、プロジェクトの関係者の立場ごとに、目標、CSF、KPIをどのように活用すべきかを述べる。

① 経営層の立場

経営層の立場に立った場合、各管理プロセスの目標、CSF、KPIを具体的に定義することでITサービスマネジメントの取組み成果（達成度合い）を把握できる。そのため「ITサービスマネジメント基本方針」で定めた目的や方針と、各管理プロセスの目標、CSF、KPIに整合性があることを確認しておく必要がある。また、目標、CSF、KPIをより顧客視点（業務的な視点）で定義すれば、顧客に対して活動の成果を説明しやすくなるだろう。

② プロジェクト事務局の立場

プロジェクト事務局の立場に立った場合、目標、CSF、KPIは、プロジェクトの成果を把握するために必要となる。ITサービスマネジメント全体の目的や方針と整合性のある目標、CSF、KPIであれば、それらを用いて経営層に対して、プロジェクトの成果を簡潔に説明できる。

③　プロジェクトのチームメンバーや現場の立場

　プロジェクトのチームメンバーでもある現場担当者の立場では、実際に担当する管理プロセスについての目標、CSF、KPIは、自己やその業務の評価に直結するものである。

　場合によっては、経営層やプロジェクト事務局が設定する目標、CSF、KPIと、現場で考える目標、CSF、KPIにギャップが生じる可能性がある。目標、CSF、KPIは高すぎても、低すぎても関係者のモチベーションを低くするため、それらの設定に関しては、プロジェクト事務局側と現場で十分に合意をとっておく必要がある。

(3) 評価制度とモチベーション管理

　CSFとKPIは、各管理プロセスにおける具体的な目標や目標値を定義するものである。しかし、各管理プロセスの実施主体がITサービスにかかわる"人"であることを考えると、各現場担当者の業績評価に用いる指標としてKPIを活用することも可能である。

　ITサービスは、"普通に提供されているのが当たり前"と思われがちである。したがって、障害などによってITサービスが停止すれば、ITサービスを提供している担当者は、非難を受けることになる。これでは、担当者がITサービスを積極的に改善していこうというモチベーションを保つことは難しい。

　ITサービスの継続に関して、適切なKPIを設定し、KPIを達成すればプラスの評価を与えるなどの仕組みを組織評価や人事評価制度に組み込むことで、組織全体や担当者のモチベーションの向上を図ることができる。

3.3 マネジメントシステムの設計

ここでは、ITサービスマネジメントを対象としたマネジメントシステムをどのように設計・構築し、運用していけばよいのかを説明する。

(1) PDCAサイクルの構築

マネジメントシステムの設計では、PDCAサイクルの各フェーズにおいて誰が何を実施するかを定義することが必要である。

また、PDCAサイクルの各フェーズにおける実施事項については、プロジェクト計画および毎年の年度計画のなかで、いつ頃の時期にどれくらいの期間をかけて行うのかを決めておかなければならない。

PDCAサイクルの各フェーズにおいて実施すべき主な内容を以下に示す(**図表3.4**)。

(a) ITサービスマネジメントの計画フェーズ

マネジメントシステムの確立(本章)、ITサービスのリスクアセスメント(第4章)、ITサービスマネジメントの管理プロセスの整備(第5章および第Ⅱ部)を行う。具体的には、次のような内容を定義・計画する。

- 適用範囲や基本方針を定めて各管理プロセスの目標、CSF、KPIを設定する。
- マネジメントシステムや各管理プロセスの役割や責任を規定する。
- 事業環境上のリスクや目標達成を阻害するリスクを評価する。
- マネジメントシステムや各管理プロセスを整備(文書化)する。
- 改善対応を実施する手順を規定する。
- 予算や人的資源などの資源の配賦に関連する活動を規定する。

第3章 マネジメントシステムの確立

図表3.4　ISO 20000の要求事項のPDCA

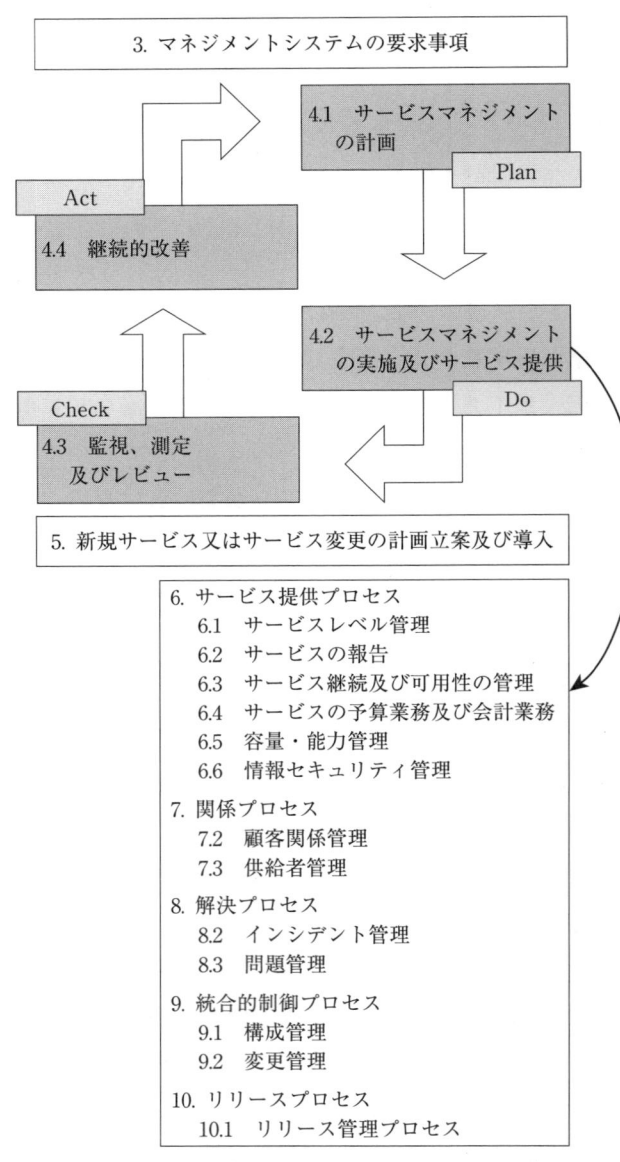

```
              3. マネジメントシステムの要求事項

                              4.1 サービスマネジメント
                                  の計画
              ┌── Act ──┐                    ── Plan ──
              4.4 継続的改善

                              4.2 サービスマネジメント
                                  の実施及びサービス提供
              ── Check ──                    ── Do ──
              4.3 監視、測定
                  及びレビュー

              5. 新規サービス又はサービス変更の計画立案及び導入

              6. サービス提供プロセス
                 6.1 サービスレベル管理
                 6.2 サービスの報告
                 6.3 サービス継続及び可用性の管理
                 6.4 サービスの予算業務及び会計業務
                 6.5 容量・能力管理
                 6.6 情報セキュリティ管理
              7. 関係プロセス
                 7.2 顧客関係管理
                 7.3 供給者管理
              8. 解決プロセス
                 8.2 インシデント管理
                 8.3 問題管理
              9. 統合的制御プロセス
                 9.1 構成管理
                 9.2 変更管理
              10. リリースプロセス
                 10.1 リリース管理プロセス
```

注）　図中に記載される数字は、ISO 20000-1の要求事項の項番を指す。

3.3 マネジメントシステムの設計

(b) ITサービスマネジメントの導入および提供

計画フェーズで定めた手順やルールを、対象とするITサービスに適用する。これには、手順やルールを周知するための教育も含まれる。また、手順やルールを実行していくために、必要なツールを導入する場合もある。例えば、サービスデスク機能におけるヘルプデスク支援ツールや構成管理プロセスにおける構成管理データベースソフトなどが代表的なものである。

(c) ITサービスマネジメントの監視、測定およびレビュー

ITサービスマネジメントや各管理プロセスが、計画どおり運用され、目標達成に向けて適切な活動が行われているかどうか確認する。監視、測定およびレビューは、大きく3つに分かれる。

1つ目は、プロセスマネージャを中心とした各管理プロセスの実行主体による監視、測定およびレビューである。2つ目が、運営事務局による評価である。運営事務局による評価は、基本的には、各プロセスマネージャなどの現場が行う監視、測定およびレビューが適切かどうかを評価する。3つ目が、監査部門の実施する「監査」である。監査は、運営事務局を含むITサービスマネジメントの運用が適切に行われているかどうかなどを確認するのが基本的な役割となる。

認証取得のポイント

ISO 20000の認証取得においては、独立した部門による監査の実施が必要になる。監査部門がない組織においては、監査対象部門とは独立した部門やプロジェクトチームによる監査を行えばよい。プロジェクトチームの監査メンバは自身が担当していない管理プロセスを相互に監査する。

上記の役割については、各組織の状況に応じて異なってくる。現場と監査部門だけが評価・監査を行う場合や、監査部門がなかったり、ITサービスマネジメントを監査できる監査要員がいないために、現場と運営事務局による評価だけを実施している場合もある。

なお、監視、測定およびレビューの結果について報告ルートを整備し、最終的に経営層に対して必要な事項を報告する。

認証取得のポイント

ISO 20000の認証取得では、マネジメントシステムの設計において次の点に注意する必要がある。

- 新規サービス導入やサービス変更はISO 20000の5章にて別に記載されている。これは変更管理プロセスと併せて検討すべきである(本書では、第7章で解説する)。
- 計画段階、導入および提供段階において、リスクの特定と管理、アセスメントなどの言葉が見られるが、その方法論については触れられていない。リスクアセスメントの方法については、審査機関の考え方を確認のうえ、検討する(本書では、第4章で解説する)。

(d) サービスマネジメントの継続的改善

監視、測定およびレビューの結果に応じ、改善案を作成する。改善案はすべて記録し、重要度などを勘案したうえで実施の優先順位を決める。評価や監査結果による改善だけでなく、リスクアセスメントを行った結果として行う対応もこれに含まれる。これらは、継続的サービス改善計画(Continual Service Improvement Plan：CSIP)としてまとめられる。

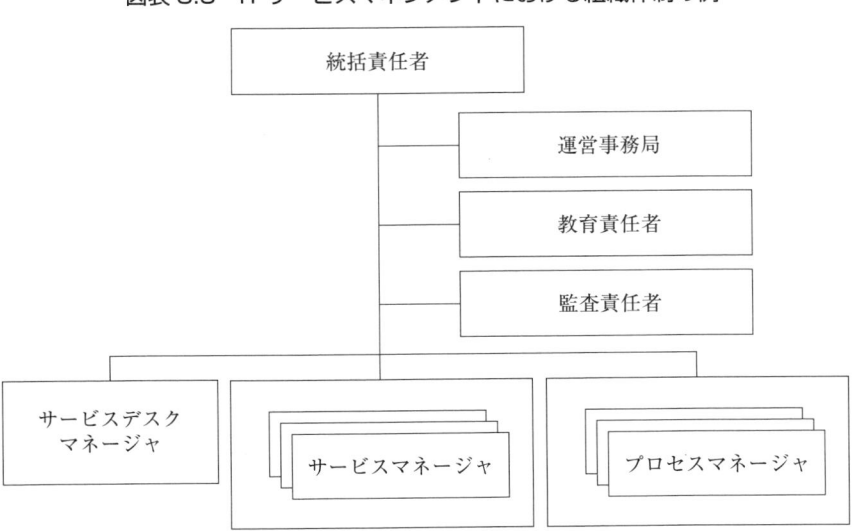

(2) ITサービスマネジメントにおける組織体制の整備

　ITサービスマネジメントの各管理プロセス上に登場する役割や会議体などの検討は、各管理プロセスを実装する際に個別に検討することになる。ここでは、ITサービスマネジメント全体にかかわる役割や会議体などについて検討する。**図表3.5**に、ITサービスマネジメントの運用体制の例を、また**図表3.6**には、ITサービスが複数ある場合の各役割の関係を示す。

　以下に、ITサービスマネジメントの運用体制に登場する各責任者や担当の役割について説明する。

① 統括責任者

　ITサービスマネジメントの総責任者である。経営層から選任され、各サービスマネージャやプロセスマネージャを統括する。運営事務局を

図表3.5　ITサービスマネジメントにおける組織体制の例

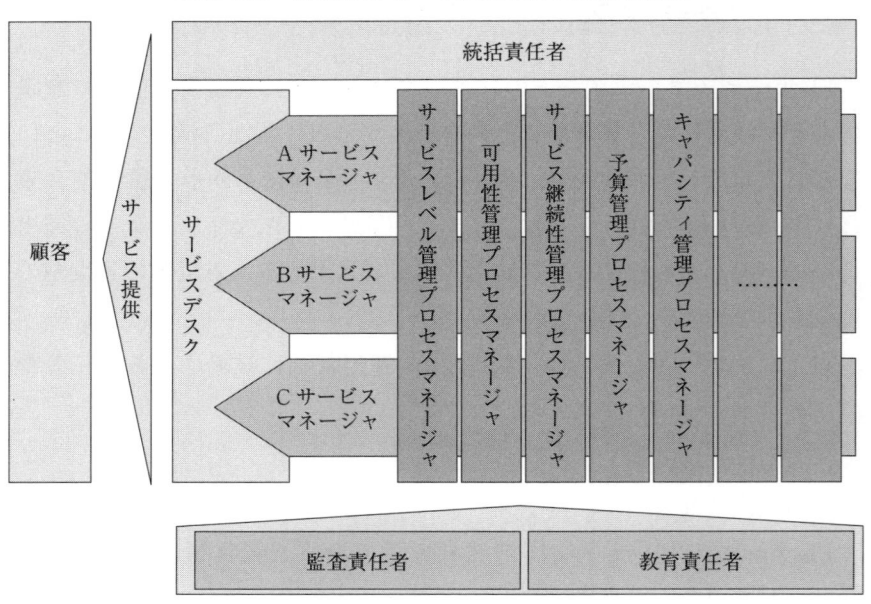

図表3.6　複数のITサービスにおける役割の関係

```
                          統括責任者
顧客 | サービス提供 | サービスデスク | Aサービスマネージャ / Bサービスマネージャ / Cサービスマネージャ | サービスレベル管理プロセスマネージャ | 可用性管理プロセスマネージャ | サービス継続性管理プロセスマネージャ | 予算管理プロセスマネージャ | キャパシティ管理プロセスマネージャ | ………
                    監査責任者　　　　　　教育責任者
```

指揮・監督し、ITサービスの品質向上と適正コストの維持、およびそのためのITサービスマネジメントの継続的な維持向上に関する全責任を負う。ITサービス事業者であれば事業本部長、一般企業であれば情報システム統括役員（Chief Information Officer：CIO）などが担当する。

② 運営事務局

統括責任者の下、マネジメントシステム運営の実質的な指揮・監督を行う。各管理プロセスのプロセスマネージャなどからの報告を取りまとめ、統括責任者に報告し、指示を仰ぐ。構築プロジェクトの事務局がそのまま運営事務局を担当することが多い。

③　教育責任者

毎年の教育計画を策定し、実施する。ITサービスマネジメント運営事務局内に置くことも考えられるが、教育・研修を所管する部門がこの役割を担うこともある。他のマネジメントシステムが構築されている場合には、既にその教育責任者が配置されているはずなので、教育責任者および教育実施部門について統合を検討する。

④　監査責任者

ITサービスマネジメントについての監査を実施する責任者である。独立性の観点からも既存の監査部門の長が担当するのが望ましい。また、教育と同様に、他のマネジメントシステムが構築されている場合には、そちらの監査体制との統合を検討する。

⑤　プロセスマネージャ

各管理プロセスの管理責任者である。導入する管理プロセスの維持改善に責任をもつ。ITサービスマネジメントの構築プロジェクトにおいては、担当する管理プロセスのリスクアセスメントやプロセス整備などの作業を担う。管理プロセスが、複数の組織にまたがる可能性もあるが、その場合は、プロセスマネージャが組織横断的に、当該管理プロセス全般に責任を有することになる[1]。

---

1) ISO 20000やITILではプロセスオーナとプロセスマネージャが区別されている。前者はプロセスの成果について責任をもち、後者はプロセスの確立と実施に責任をもち、プロセスオーナに報告を行う。内部牽制上、両者を分けるほうが望ましいが、実際には同一になることが多い。ここでのプロセスマネージャは両方の意味・役割をもっている。

⑥　サービスデスクマネージャ

ITサービスの顧客満足度を高めるためには、顧客やユーザとの直接的な接点となるサービスデスクの果たす役割が大きい。サービスデスクは通常、複数の要員から構成されるが、その要員を指揮・監督し、サービスデスク機能の維持改善に責任をもつのがサービスデスクマネージャである。

⑦　サービスマネージャ

ITサービスが複数ある場合には、ITサービスごとの管理責任者であるサービスマネージャを置く。サービスマネージャは各ITサービスの品質向上や適正コストの維持に責任をもつ。また、サービスデスクマネージャと協力しながら、顧客（一般企業であればユーザ部門の代表者）と良好な関係を保つように努めなければならない。さらに、各管理プロセスのプロセスマネージャ間の調整や、取りまとめなどを行う。なお、サービスマネージャとは、サービスレベル管理プロセスのプロセスマネージャとは異なることに注意が必要である。

⑧　マネジメントシステムの運営などに必要な各種会議体

各管理プロセス間の連携や活動を調整するために、必要な会議体を設ける。参加者によって2つのレベルの会議体が考えられる。

ⓐ　経営層が参加する会議体

マネジメントシステムの運営事項にかかわる報告や承認、各ITサービスや各管理プロセスのマネージャから報告された要求事項の報告・承認のための会議体である。新たにこのような会議体を設置してもよいが、既にある経営層の会議体や他のマネジメントシステムの会議体と統合したほうが賢明である。

ⓑ　管理責任者が参加する会議体

　プロセスマネージャ、サービスデスクマネージャ、サービスマネージャが参加し、各自が行っている活動について全社的な調整を図る会議体である。すべての管理責任者が参加する会議体や、サービスごとの会議体、管理プロセス(ITサービスが複数ある場合)ごとの会議体なども考えられる。

認証取得のポイント

　ISO 20000では、最低限以下の役職を定義することを要求している。
- ITサービスマネジメントの統括責任者
- 上級責任オーナ(ITサービスマネジメントの統括責任者と兼務が可能)
- プロセスマネージャ(プロセスオーナを含む)
- サプライヤ単位の管理責任者(プロセスマネージャの一種)
- 教育責任者
- 監査責任者

　監査の独立性に注意すること。また、審査では、監査担当者の力量や教育・訓練の状況などが確認されることもある。

(3) マネジメントシステムの統合

　ITサービスマネジメントの構築において、既存のマネジメントシステムとの統合の必要性やその効果については、第1章で述べたとおりである。ここでは、実際にマネジメントシステムを設計する際に他のマネジメントシステムとの統合を行う場合のポイントについて説明する。

(a) 品質マネジメントシステム(QMS)との統合

QMSにおける品質は、製品やサービスに対する顧客要求を起点として、設計・開発、提供という業務プロセスに沿って品質をいかに組み込むかという観点で考えられている。なかでも製品やサービスがリリースされるまでの設計・開発プロセスにおける品質管理に重点が置かれている。一方、ITサービスマネジメントにおける品質は、SLAを起点として、各管理プロセスがいかにサービス品質を実現するかという観点で考えられている。

また、QMSが、製品やサービスを限定せずに品質を管理するためのプロセスであるのに対して、ITサービスマネジメントは「ITサービス」という特定のサービスを対象とする詳細かつ最適化された品質管理のプロセスである。

以下にQMSで要求されている事項についてITサービスマネジメントのどの管理プロセスが対応するかについて述べる。これをもとに統合する際にどのような文書や手順を統合すべきかを検討する。

① 製品実現の計画

QMSでは、製品に対する品質目標および要求事項、実現するプロセスの確立(検証プロセスを含む)と資源提供の必要性などを明確にする必要がある。ITサービスマネジメントでは、「新規サービス又はサービス変更の計画立案及び導入」(ISO 20000-1の5。以下、ISO 20000-1を「同」とし、項番号を括弧内に示す)において、前記の要求と同様な内容を要求している。

② 顧客関連のプロセス

製品に関連する要求事項の明確化とそのレビュー、および顧客とのコミュニケーションに対する要求事項である。ITサービスマネジメント

では、「サービスレベル管理（SLM）」（同6.1）および「顧客関係管理」（同7.2）で対応する。

③　設計・開発

QMSにおける中心的な要求事項であり、設計・開発の計画、設計・開発に対するインプットとアウトプットの明確化、レビュー・検証・妥当性の確認、および変更管理が求められる。ITサービスマネジメントでは、「サービスレベル管理」（同6.1）および「変更管理」（同9.2）で対応する。

④　購　　買

規定された購買要求事項に購買製品が適合し、適切なサプライヤおよび購買製品管理プロセスを最終製品に及ぼす影響に応じて定めること、購買製品が要求事項を満たすことを検証することなどが求められる。ITサービスマネジメントでは、「供給者管理」（同7.3）で対応する。

⑤　製造およびサービス提供

製品やサービス提供を計画し管理された状態で実行できること、提供プロセスの妥当性を確認すること、製品やサービス実現の全過程において製品を識別できること、トレーサビリティを確保できること、および顧客の所有物を管理することなどが要求される。ITサービスマネジメントでは、「サービスレベル管理（SLM）」（同6.1）、「サービスの報告」（同6.2）、「容量・能力管理」（同6.5）、「サービス継続及び可用性の管理」（同6.3）、「構成管理」（同9.1）、「変更管理」（同9.2）、「インシデント管理」（同8.2）、「問題管理」（同8.3）で対応する。

⑥　監視機器および測定機器の管理

製品の適合性を検証するために実施すべき監視および測定を明らかにし、必要な監視機器や測定機器を明確にすることが要求される。ITサービスマネジメントでは、直接対応するものはないが、「容量・能力管理」(同6.5)、「サービス継続及び可用性の管理」(同6.3)の考え方が近い。

(b)　情報セキュリティマネジメントシステムとの統合

ITサービスマネジメントでは、対象とするITサービスにおいて契約やSLAにおいて定めたセキュリティ要件、法律などの要件、組織の情報セキュリティ基本方針を満たすことが求められる。そのために独立した管理プロセスとして「情報セキュリティ管理」が存在する。

一方、情報セキュリティマネジメントシステム(ISMS)の規格としてISO 27001がある。ITサービスマネジメントの情報セキュリティ管理にISMSの仕組みを適用することで、ITサービスマネジメントを効率的に構築できる。また、ITサービスマネジメントとISMSのマネジメントシステムを統合することにより、効率的な運用が可能になる。

以下にISMSで要求されている事項についてITサービスマネジメントでどのような対応が必要かを述べる。これをもとに統合する際にどのような文書や手順を統合すべきかを検討する。

①　重要な情報資産の特定とリスクアセスメント

ISMSでは、さまざまな脅威から重要な情報資産(情報および情報システム)の機密性、完全性、可用性を確保するために、重要な情報資産を特定する必要がある。また、特定した情報資産に対して、リスクアセスメントを実施しなければならない。

ITサービスマネジメントでは、ITサービスに関係する重要な情報資産は、構成品目(CI)として構成管理データベースに記録されている。

したがって、これらの情報資産に対して、リスクアセスメントを実施する必要がある。

ITサービスマネジメント構築の対象範囲において既にISMSを構築済みの場合、ISMSの情報資産の洗出し結果やリスクアセスメントの結果を利用できる。しかし、構成管理データベースに登録される構成品目の単位は、必ずしもISMSで洗い出された情報資産の単位と一致しない場合があるため、管理すべき情報資産の単位について改めて検討が必要である。

② 管　理　策

ISMSでは、リスクアセスメントの結果に応じた管理策を実施する。ISO 27001では、133の管理策が示されている。これには、情報システムの運用・保守や通信、アクセス制御など、ITサービスマネジメントに欠かせない項目がある。また、入退管理のような物理的および環境的セキュリティ、雇用などに関する人的セキュリティなど、従来あまり意識されていなかったが、ITサービスにおいても必要な要求事項が含まれている。

したがって、ITサービスマネジメントに必要な情報セキュリティ管理として、133の管理策を適用するか否かを決定したうえで、対応を行う。そのため、ITサービスマネジメントの情報セキュリティ管理のプロセスマネージャは、既存のISMSの運営組織との間で調整を行わなければならない。

③　事業継続管理

ISMSでは、事業継続に必要な体制を整備し、業務プロセスの中断を引き起こし得る事象とその影響を分析する。また、分析結果にもとづき、必要な対応を文書化した事業継続計画の策定とその試験（テスト・訓練）

が要求されている。ITサービスマネジメントでは、「サービス継続及び可用性の管理」(ISO 20000-1の6.3)がこの要求に応える管理プロセスとして整備される。

> **認証取得のポイント**
>
> ISO 20000の認証取得の要件として、マネジメントシステムの統合が求められているわけではない。ただし、情報セキュリティ管理はISO 20000においても必須要件であり、情報資産の特定やリスクアセスメントの実施などが求められる。したがって、既にISO 27001の認証を取得している場合、その適用範囲がISO 20000の適用範囲をどの程度カバーしているかの確認が必要である。もし、カバーされていない場合は、プロジェクトにおいてISMSの適用範囲を拡大するなどの取組みも必要になってくる。

(4) ITサービスマネジメント文書体系の検討

ここでは、ITサービスマネジメントの構築においてどのような文書が必要となり、それらの文書にはおおよそどのような内容を記述するのかを決める。また、それぞれの文書の上下関係などの位置関係を示すことも必要である。

文書体系を検討するにあたっては、社内の既存の規程などの文書体系と整合性を確保しなければならない。また、QMSやISMSとの統合を行わない場合であっても、最低限、この文書体系だけは合わせておきたい。

ITサービスマネジメントの文書の策定にあたっては、「ITサービスマネジメント基本方針」と、**図表3.7**に示す「ITサービスマネジメント運営管理規程」(PDCAサイクルを規定したもの)が中心となる。

3.3 マネジメントシステムの設計

図表3.7　ITサービスマネジメント運営管理規程の目次例

```
1. 総則
   1.1  目次
   1.2  対象範囲
   1.3  用語の定義
   1.4  他文書との関係

2. ITサービスマネジメント運営体制
   2.1  ITサービスマネジメント統括責任者の役割
   2.2  ITサービスマネジメント運営事務局の役割
   2.3  各プロセスマネージャの役割
   2.4  サービスマネージャの役割
   2.5  ITサービスマネジメント教育責任者の役割
   2.6  ITサービスマネジメント監査責任者の役割

3. ITサービスマネジメント運営実施事項
   3.1  計画段階における実施事項
   3.2  実行段階における実施事項
   3.3  監視・測定段階における実施事項
   3.4  改善段階における実施事項
   3.5  新規サービスおよびサービス変更時の留意事項
   3.6  他マネジメントシステムとの整合性
```

　ITサービスマネジメントの適用範囲、職務定義、目標管理などを文書化した「ITサービスマネジメント基本文書」は、上記の2つの文書の中に記載してもよいし、別の文書として策定してもよい。

　この他には、ITサービスマネジメントの運用に必要な教育や監査の文書、および各管理プロセスを構成する文書などが必要になる。**図表3.8**に文書体系の例を示す。

> **認証取得のポイント**
>
> 　ISO 20000では、最低限以下を文書化することを求めている。

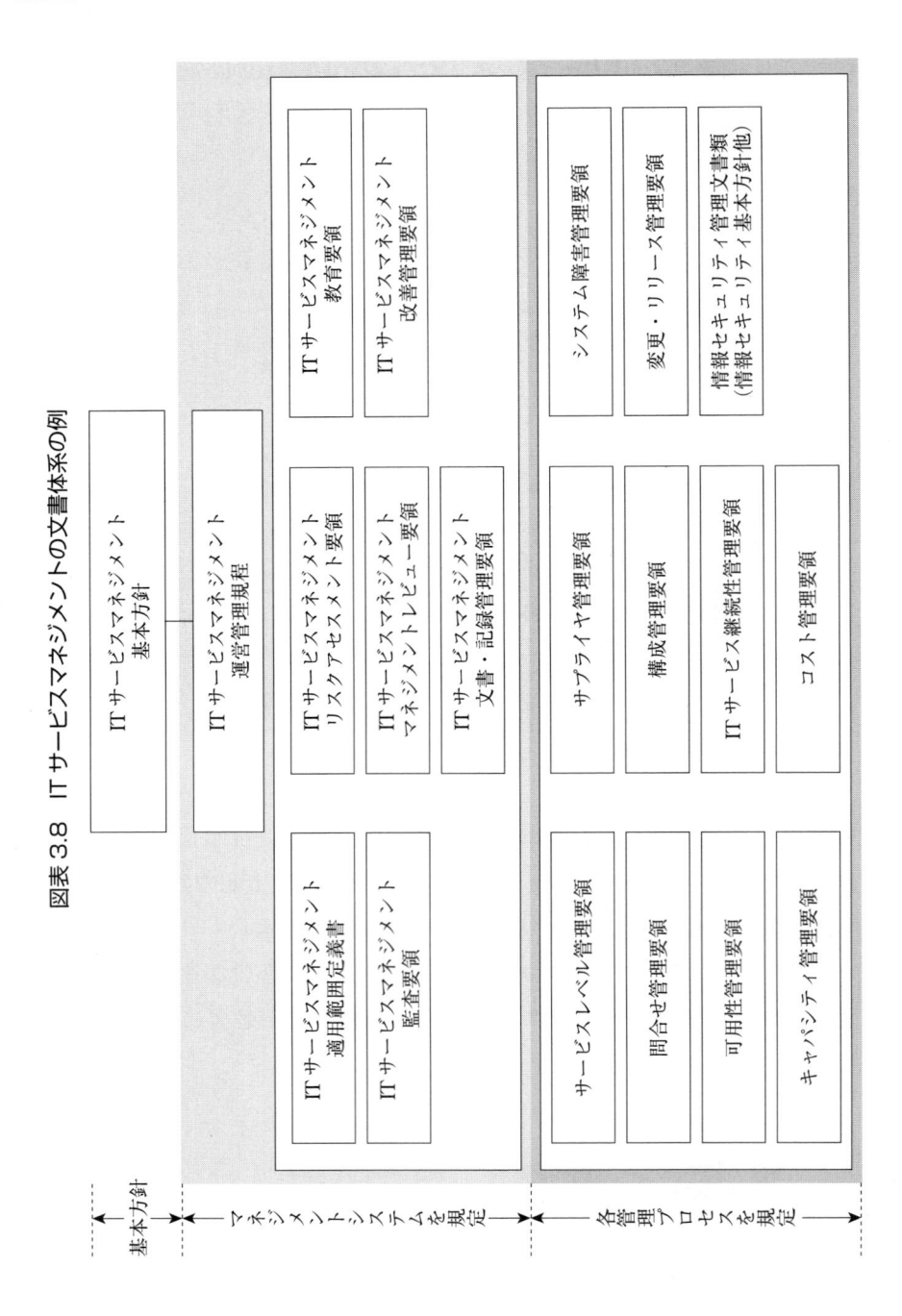

第3章 マネジメントシステムの確立

図表3.8 ITサービスマネジメントの文書体系の例

```
                    ITサービスマネジメント
                        基本方針
                           │
                    ITサービスマネジメント
                        運営管理規程
```

【マネジメントシステムを規定】
- ITサービスマネジメント適用範囲定義書
- ITサービスマネジメント監査要領
- ITサービスマネジメントリスクアセスメント要領
- ITサービスマネジメントマネジメントレビュー要領
- ITサービスマネジメント文書・記録管理要領
- ITサービスマネジメント教育要領
- ITサービスマネジメント改善管理要領

【各管理プロセスを規定】
- サービスレベル管理要領
- 問合せ管理要領
- 可用性管理要領
- キャパシティ管理要領
- サプライヤ管理要領
- 構成管理要領
- ITサービス継続性管理要領
- コスト管理要領
- システム障害管理要領
- 変更・リリース管理要領
- 情報セキュリティ管理要領（情報セキュリティ基本方針他）

基本方針

58

① サービスマネジメントの方針および計画

「ITサービスマネジメント基本方針」、「ITサービスマネジメント運営管理規程」、「ITサービスマネジメント基本文書」がこれに該当する。

② サービスレベル合意書(SLA)

契約書やサービスレベルに関して顧客と合意した内容(本書では第Ⅱ部第8章にて解説する)である。

③ プロセスおよび手順

PDCAサイクルや各管理プロセスを定めた文書である。基本的には要求事項を網羅した文書群を策定しなければならない。原則として版数管理が求められる。

④ レコード(記録)

PDCAサイクルおよび各管理プロセスで定めた記録文書。実際にマネジメントシステムが運用された証拠となる。変更管理などの記録に加え、KPIなどの測定結果や、監査・教育結果なども含まれる。

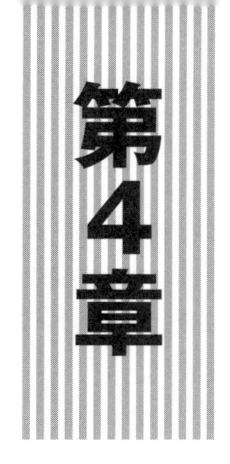

第4章 ITサービスのリスクアセスメント

本章では、ITサービスマネジメント構築において実施するリスクアセスメントについて、その目的や実施方法について解説する。

4.1 リスクアセスメントの概要

ITサービスマネジメントの構築や管理プロセスの整備にあたっては、ISO 20000やITILを参照することができる。しかし、対象とするITサービスの内容や個々の企業の事業環境によって、達成しようとする目標や、その目標を妨げるリスク要因は異なってくる。このため、リスクアセスメントを行って、目標達成を妨げるリスク要因に対して適切な対応策を実施することが必要になってくる。

(1) リスクマネジメントの基本的な考え方

リスクという言葉は、さまざまな使われ方をされるが、ここでは、リスクを「企業活動の遂行を阻害する事象とその大きさ」という意味で使用する。なお、近年では、リスクを「企業の将来の収益に影響を与える事象発生の不確実性」として、企業価値の源泉としてより前向きに捉えるようになっていることに留意する必要がある。

リスクマネジメントについてはいくつかの方法論があるが、一般的には「リスクの識別・評価」を行い、その結果にもとづいて「リスクへの

対応」を行うという点はほぼ共通している。

「リスクの識別・評価」の手法としては、企業戦略や業務プロセスなどを分析したうえでリスクを識別し、識別されたリスクの大きさを発生可能性とその影響度から評価するのが一般的である。また、「リスクへの対応」とは、評価されたリスクの大きさに対して、組織が許容できる水準を決め、その水準までリスクを引き下げるための対応方針やコントロールを実施することである。**図表4.1**に、リスク対応方針の種類を示す。

リスクが許容水準よりも大きいと判断される場合は、リスク低減、リスク回避、およびリスク移転のいずれか、またはいくつかを組み合わせて実施するかの方針を決める。リスク低減を行う場合には具体的なコントロールを決定して実施する。

(2) ITサービスマネジメントにおけるリスクアセスメント

ITサービスの品質を目標水準に確保するためには、ITサービスの提供に際して発生し得るさまざまな問題やリスクを予見し、適切な対応を講じる必要がある。そのためには、定期的にリスクアセスメントを実施し、リスクに対するプロアクティブ(予防的)な対応を継続的に行うことが重要である。また、ITサービスの内容や各管理プロセスの大幅な変

図表4.1　リスク対応方針の種類

リスクの分類	内　　容
受容	リスクを受け入れること。つまり、リスクに対する従来の対応を継続し、新たな対応策やコントロールを講じないこと。
低減	リスクの低減を図るために、新たなコントロールを設けること。
回避	リスクが発生し得る活動を廃止する(事業からの撤退など)などによってリスクを回避すること。
移転	保険への加入などによって、リスクの全部または一部を外部に転嫁し、リスクを小さくすること。

更時、あるいはITサービスを提供する諸条件や環境が変化した際にも、必要に応じてリスクアセスメントを実施することが望まれる。

ITサービスマネジメントで用いられるリスクアセスメントの対象としては、以下の3つの「リスク」が考えられる。

(a) 目標達成リスク

ITサービスマネジメントの一般的な目的は、提供するITサービスの品質向上と適正コストの維持である。したがって、リスクとは品質向上とコストの適正化を損なう事象と考えることができる。

図表4.2は、ITサービス、ITサービスマネジメントおよび各管理プロセスの目標の関係を示したものである。各目標は、組織の目標や事業環境に応じて具体的に、また、因果関係があるように設定されなければならない。このような目標設定ができれば、目標がより具体化されている

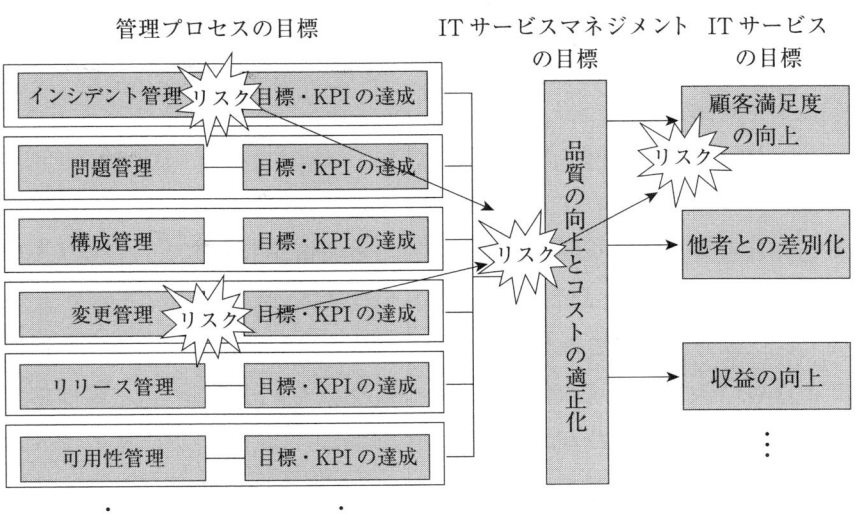

図表4.2　目標達成を阻害する要因(＝リスク)

管理プロセスの目標	ITサービスマネジメントの目標	ITサービスの目標
インシデント管理 → リスク → 目標・KPIの達成	品質の向上とコストの適正化	顧客満足度の向上
問題管理 → 目標・KPIの達成		他者との差別化
構成管理 → 目標・KPIの達成	リスク	
変更管理 → リスク → 目標・KPIの達成		収益の向上
リリース管理 → 目標・KPIの達成		…
可用性管理 → 目標・KPIの達成		
…		

管理プロセスごとのリスクを評価することで、ITサービスやITサービスマネジメントのリスクも評価できる。

(b) サービスの可用性および継続性のリスク

可用性管理とITサービス継続性管理も、ITサービスマネジメントの管理プロセスのひとつである。したがって、他の管理プロセスと同様、その目標達成を妨げる要因に対してリスクアセスメントを行ってもよい。

しかし、サービスの可用性や継続性、およびこの後説明する情報セキュリティ領域では、既に確立したリスクアセスメントの手法があることから、別の方法でリスクアセスメントを行うことも可能である。

ITILでは、可用性管理やITサービス継続性管理で行うリスクアセスメントの手法としてCRAMM(CCTA Risk Analysis and Management Method)が紹介されている。CCTA(Central Computer Telecommunications Agency)とは、ITILの維持・管理を行っていた組織であるが、現在では英国商務局(OGC)に組み込まれている。

また、ITサービス継続でリスクアセスメントに関連するものとして、事業影響度分析(Business Impact Analysis：BIA)がある。

(c) 情報セキュリティのリスク

情報セキュリティのリスクとは、情報資産の機密性、完全性、可用性が損われることにより発生する事象である。情報セキュリティのリスクアセスメントの方法としては前述のCRAMMを用いることができる。また、ISO 27001の基準と実際のセキュリティ対策とのギャップを把握することによってリスクを評価するベースラインアプローチと呼ばれるリスクアセスメントの方法もある。

いずれにしても、対象とするITサービスにおいて、情報セキュリティマネジメントシステムの構築やISO 27001の認証の取得を行っている

企業であれば、既に行っている情報セキュリティのリスクアセスメントの方法を用いることで問題はない。

認証取得のポイント

ISO 20000-1の要求事項には、「リスクアセスメント」については以下のように記述されている。前述の3つのリスクアセスメントの対象は、この要求事項にも合致しているともいえる。

- 4.1　サービスマネジメントの計画（Plan）

　〈略〉

　　サービスマネジメントを計画しなければならない。この計画では、少なくとも次を定義しなければならない。

　〈略〉

　f)　定義した目的の達成に対する課題及びリスクの特定、アセスメント及び管理のためにとるべき仕組み

- 6.3　サービス継続及び可用性の管理

　〈略〉

　　可用性及びサービス継続に関する要求事項を、事業計画、SLA及びリスクアセスメントに基づいて特定しなければならない。

- 6.6　情報セキュリティ管理

　〈略〉

　　適切なセキュリティ管理策を運用しなければならない。

　〈略〉

　b)　サービス又はシステムへのアクセスに関連するリスクマネジメント

　注）ISO 20000-2では、情報資産の分類、リスクアセスメントの実践、その他考慮事項が、いわゆる推奨事項として記載されている。

4.2 リスクアセスメントの実施

ITサービスマネジメント構築においては、いくつかのリスクアセスメントの方法がある。したがって、自社の環境に応じたリスクアセスメントの方法を決め、その手順を文書化し、実施する。

(1) リスクアセスメント方法の検討

ここでは、前節で説明したいくつかのリスクアセスメントの手法について紹介する。

(a) 目標達成リスクのリスクアセスメント

ITILでは、管理プロセスの目標ごとに、「達成目標」とCSF(重要成功要因)、KPI(重要業績評価指標)の例が記述されている。KPIは当面の目標とされる具体的な活動の数値目標であるため、その達成を妨げる事象もわかりやすい。図表4.3にKPIの達成リスクについてのリスクアセスメントの例を示す。

ITILに記載される各管理プロセスの手順と実態とのギャップをそのまま即リスクと認識することは危険である。情報セキュリティマネジメントシステムの構築の際には、ISO 27001に記載される附属書A(管理策)などと実態とのギャップを分析し、不足するコントロールをリスクとして捉えた。いわゆるベースラインアプローチである。一般的に必要と考えられるコントロール(管理策)がない、あるいは有効に機能していないこと自体がリスクと考えられるからである。

しかし、ITサービスマネジメントは、情報セキュリティマネジメントシステムよりも、組織や業務環境などによって、行うべきことがかなり異なってくる。したがって、単純にギャップをリスクとして捉えるよ

図表 4.3 リスクアセスメントの例

対象となるプロセス	目標		リスク要因	発生頻度	影響度	リスク
	CSF	KPI				
インシデント管理	インシデントの迅速な解決	1次オペレータで解決したインシデントの増加率：5%	ベテランオペレータの離職	2	2	4
			新サービス立ち上げにともなう問合せの難易度増	1	2	2
	ITサービスの品質維持	インシデントの解決にかかった全体の平均時間の削減率：−10%	ユーザからのクレームの頻発	1	3	3
			オペレータの異動	3	1	3
キャパシティ管理	費用対効果の実証能力	ITキャパシティが不足することに起因する事業中断削減：−1件	ユーザからの大量データ投入	1	2	2
	現在および将来の技術に関するナレッジ	パフォーマンスの問題でSLA違反の原因となる古いITの使用の削減：違反0件	H/WおよびS/Wのバージョンアップなどの不備	2	3	6

注）発生頻度と影響度は、3段階で評価したもの。リスクは、発生頻度と影響度を掛け合わせたものである。

りは、各管理プロセスに設定した目標の達成が阻害されることをリスクとして捉えるほうが適切である。

(b) CRAMM

このモデルは「リスク分析」と「リスク対応」の2つのプロセスに分かれる。「リスク分析」は、リスクを具体化するプロセスであり、以下のような手順で行う。

① 情報資産を特定し、その情報資産の価値を決定

情報資産の価値は、脅威によってリスクが顕在化した場合の情報資産への影響度と考えてもよい。これには、直接的な影響と間接的な影響がある。前者は、影響を与える利用者の範囲(規模)、影響を与える時間(復旧時間)、想定損害額、法的制裁の大きさなどで評価する。後者は、逸失利益、潜在顧客の減少、競合への乗り換えによる既存顧客の減少などを想定して評価する。

② 情報資産に対する「脅威」を特定し、その発生可能性を検討

発生可能性は、一定期間における脅威の発生回数や発生確率を想定して評価する。

③ 脅威に対する情報資産の脆弱性を検討

脆弱性とは、脅威に対しての環境、ハードウェアやソフトウェアの欠陥、および対策上の不備をいう。一般的には、想定される脅威に対して必要な環境や対策などと実際のギャップを評価して脆弱性を検証する。

上記の情報資産(価値)、脅威の発生可能性、脆弱性の3点を勘案してリスク(の大きさ)を評価する。情報資産の価値や発生可能性などは、定量的(金額換算)に評価することもあるが、定性的(3～5段階で価値や発生頻度を定性的に定義する)に評価するのが一般的である。

評価されたリスクに対して、対応方針を決め、そのうえで必要なリスク低減を行うための具体的なコントロールを決定することになる(図表4.4、4.5)。

(c) 事業影響度分析(BIA)

BIAとは、ITサービスの停止がどの程度事業に影響を及ぼすかを評

4.2 リスクアセスメントの実施

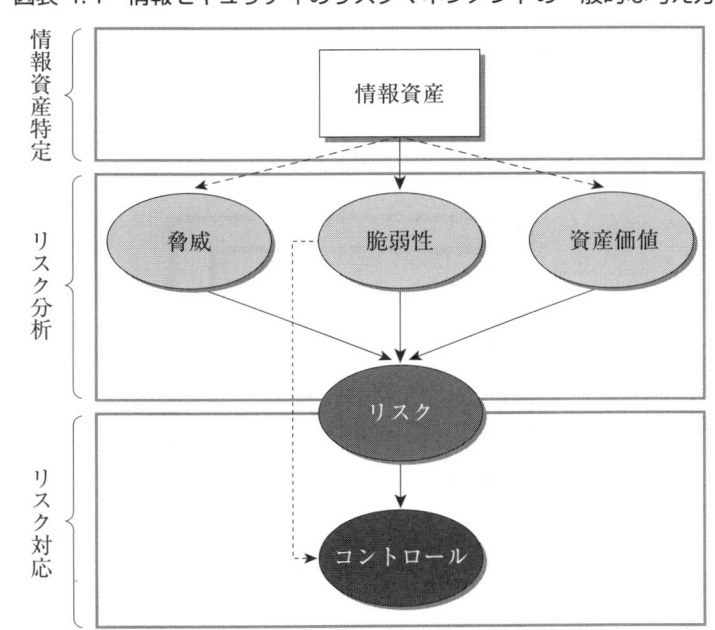

図表 4.4　情報セキュリティのリスクマネジメントの一般的な考え方

```
情報資産特定 ┃ ┌─────────────────────────────┐
            ┃ │           情報資産            │
            ┃ └─────────────────────────────┘
            ┃         ↙     ↓     ↘
リスク分析   ┃    (脅威) (脆弱性) (資産価値)
            ┃         ↘     ↓     ↙
            ┃           (リスク)
            ┃              ↓
リスク対応   ┃         (コントロール)
```

出所）ITIL『サービスデリバリ』をもとに作成

価するための手法である。事業への影響度は、CRAMMの情報資産の価値（影響度）の評価で示した内容と同様なもので測る。この結果を参考に、対象とするITサービスにおいて、どの程度の可用性や継続性（サービス停止時の目標復旧時間など）が必要かを決める。

(2) リスクアセスメント方法の文書化

リスクアセスメントは、一度行えばよいというものではなく、定期的に、また環境変化などにより必要に応じて実施しなければならない。そのため、毎回実施方法が異なったり、その結果として、評価結果が大きく異なるのは問題である。したがって、毎回異なる担当者が実施した場合においても評価結果が大きく異なることがないように、リスクアセス

第4章 ITサービスのリスクアセスメント

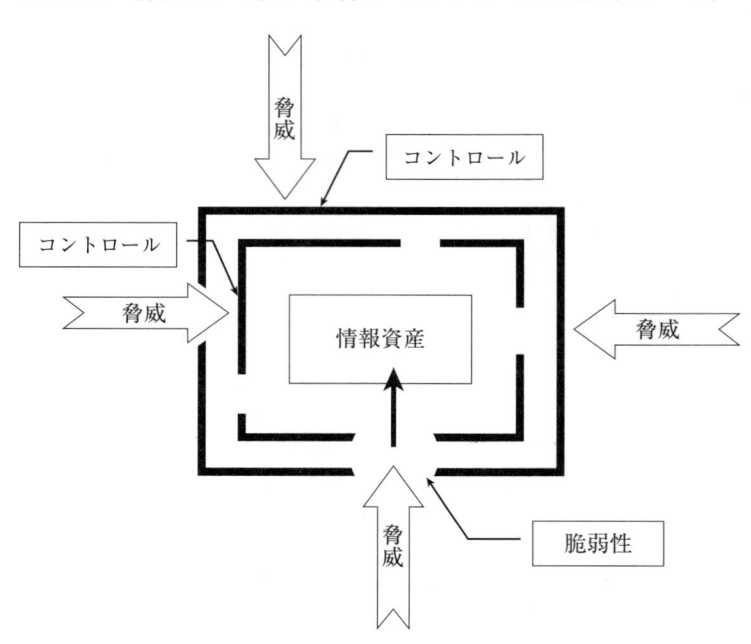

図表4.5 情報資産・脅威・脆弱性・コントロールの関係(イメージ)

メントの手順を文書化しておくことが必要である。また、評価に際して使用した基準や過去の評価記録なども残しておく。

図表4.6にリスクアセスメント手順書の目次例を示す。

4.3 リスク対応

ここでは、リスクアセスメント結果にもとづくリスク対応策の検討と実施について、その流れと概要を説明する。

(1) 対応方針の決定とコントロールの検討

リスクアセスメント結果から識別されたリスクについて、対応方針を

図表 4.6　リスクアセスメント手順書の目次例

1. 総則
    1.1　目的
    1.2　対象範囲
    1.3　用語の定義

2. リスク評価手順
    2.1　リスク評価実施体制
    2.2　リスク評価方法
    2.3　リスク評価基準
    2.4　リスク評価結果の取りまとめ

3. リスク対応手順
    3.1　リスク対応方針の検討
    3.2　リスク対応策の検討
    3.3　リスク対応計画の策定
    3.4　マネジメントレビューでの報告

4. リスク評価および対応手順の見直し
    4.1　体制
    4.2　見直しの周期

決定する。具体的には、当該リスクを受容するのか、低減するのか、回避するのか、移転するのかを決定する。実際には、具体的なコントロールの検討とあわせて実施されることが多い。

検討したコントロールは、例えば以下のように分類し、組織内に展開する。

（a）　**全社的なリスクと管理プロセス上のリスクに対するコントロール**

コントロールには、大きく分けると全社的なコントロールと管理プロセス上のコントロールがある。全社的なコントロールには、経営戦略の明確化や変更、必要な会議体の設置や強化、取締役会、監査役または監査委員会の機能強化、内部監査部門などのモニタリング強化、全社的な

人材育成強化など、組織全体を対象とするものがある。これらは、ITサービスマネジメントのマネジメントシステム全体の枠組みのなかに組み入れるのがよいだろう。

一方、管理プロセス上のコントロールは、管理プロセスごとに分類し、検討する。管理プロセスごとの目標に対してリスクを評価している場合は分類しやすくなる。ただし、他の管理プロセスとも相互に影響し合うため、対象となる管理プロセスを再度見直すことが必要になる。

(b) 顕在化したリスクと潜在的なリスクへの対応策

リスクには、過去に発生するなどして顕在化しているリスクと、未だその要因や発生内容が不明な潜在的なリスクに分けられる。顕在化しているリスクについては、影響度やコントロールを検討しやすいが、環境変化などにより従来とは変わっている可能性があることに留意すべきである。

潜在的なリスクについては、発生可能性や影響度、およびコントロールの検討が難しい場合が多い。しかし、潜在的なリスクの見極めや対処がリスクマネジメントの成否を大きく左右するため、外部を含めたリスク情報などの収集が必要である。

(c) 計画的に実施すべきコントロールと即実施するコントロール

人的資源の割り当てや予算措置などの資源配賦、準備などによって、実施に一定期間を必要とするコントロールと、既存資源にて即実施可能なコントロールに分けられる。即実施可能なコントロールについては、できるだけ速やかに実施する。

(2) 経営層によるリスク対応計画の承認

リスクアセスメント結果、リスク対応方針、重要なコントロールの実

施、およびそれらを実施するための対応計画については、経営層の承認を得る必要がある。ここで、「経営層」とは、取締役会、経営会議、ITサービスマネジメント委員会など取締役クラスが集まる会議体を指す。

残存リスクに対する承認も忘れてはならない。リスク評価の結果、低いリスク値となった事象(つまり追加的な対応策を実施しないもの)や対応策を講じるものの一部リスクが残るものは、残存リスクとして経営層に報告し、承認を得ておくことが重要である。いわゆるリスクの受容である。

(3) リスク対応計画の進捗管理

経営層により承認されたリスク対応計画は、課題や進捗管理を行って確実に実施しなければならない。コントロールの実施は、各管理プロセスの整備を担う部門や、マネジメントシステムを整備する運営事務局が担うこととなる。ITサービスマネジメント構築当初(初年度)においては、ITサービスマネジメントプロジェクトの進捗とともに管理し、定期的なプロジェクト会議で課題や進捗を共有するのが望ましい。

> **認証取得のポイント**
>
> ISO 20000の要求事項では、「経営陣の責任」としてリスクマネジメントに関して以下のような記述がある。したがって、リスクアセスメントについては、リスクアセスメント結果と対応策(改善策)を経営陣に報告し、さらにはその内容を議事録にして記録を残す必要がある。
>
> ● 3.1　経営陣の責任
>
> 経営陣は、サービスマネジメントの能力を事業上の要求事項及び顧客要求事項との関連において開発、実装及び改善することへのコミットメントの証拠を、リーダシップ及び活動

第4章 ITサービスのリスクアセスメント

を通じて示さなければならない。

経営陣は、次を実施しなければならない。

〈中略〉

f） サービスマネジメントの組織に対するリスク及びサービスに対するリスクを管理する。

第5章 管理プロセスの確立

　ここでは、ITサービスマネジメントの構築で必要となる各管理プロセスの確立について説明する。管理プロセスの確立とは、各管理プロセスで設定した目標を達成するために必要となる業務の手順を設計し、それを実装することである。なお、本章では、管理プロセスの確立のための方法を説明し、個々の管理プロセスの具体的な内容については、第Ⅱ部にて説明する。

5.1 プロセスアプローチの考え方

　品質管理における管理の対象となる"品質"とは、製品やサービス自体の品質ではなく、製品の製造過程やサービスの提供過程の業務のやり方(プロセス)やそのマネジメントの品質である。プロセスやマネジメントの品質を高めることにより、最終的に製品やサービスの品質が向上するという考え方であり、これをプロセスアプローチという。

　プロセスとは、目標を達成するために設計され、人またはシステムなどの機能によって実施される、一連の処置、活動のことである。プロセスは、活動、資源、およびインプットとアウトプットの4つの要素からなる(図表5.1)。

　ITサービス事業者や企業の情報システム部門が、ITサービスを提供するために実施している日常の業務活動もITサービスを提供するため

第5章 管理プロセスの確立

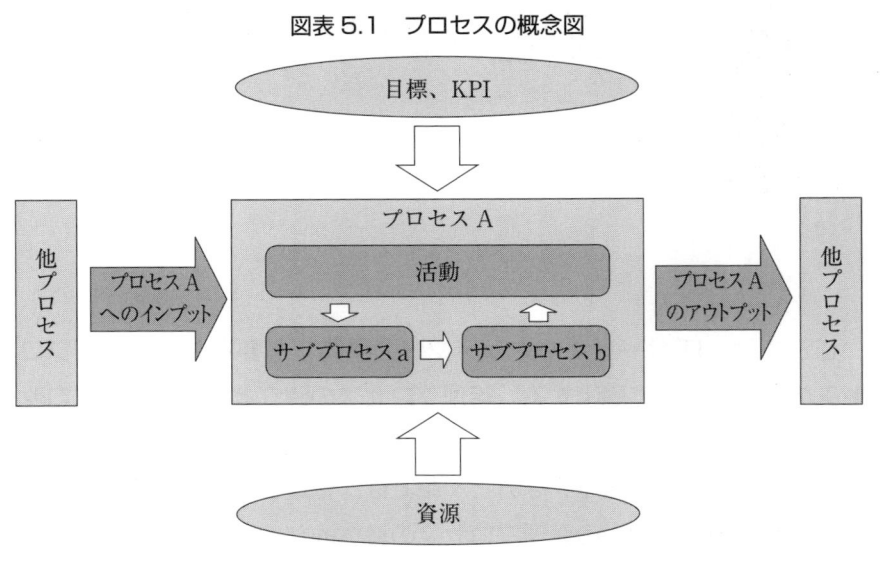

図表 5.1　プロセスの概念図

（図：目標、KPI → プロセスA（活動、サブプロセスa → サブプロセスb）、他プロセス → プロセスAへのインプット、プロセスAのアウトプット → 他プロセス、資源 → プロセスA）

出所）　ITIL『サービスマネジメント導入計画立案』をもとに作成

のプロセスということになる。管理プロセスとは、インシデント管理や変更管理などの管理領域ごとのプロセスのことを指す。

　ITサービスマネジメントにおいては、PDCAサイクルによって全体の仕組みを維持・向上していくが、個々の管理プロセスにおいてもPDCAサイクルを通じて管理を行っていくことになる。

　また、ITサービスマネジメントでは、プロセスを管理するためのプロセスとして、継続的サービス改善計画（Continual Service Improvement Plan：CSIP）が示されている（**図表5.2**）。

5.2　管理プロセスの設計と実装

　ここでは、ITサービスマネジメントの各管理プロセスを確立する手順を説明する。管理プロセスの確立とは、管理プロセスの内容を設計し、

5.2 管理プロセスの設計と実装

図表 5.2 継続的サービス改善計画（CSIP）

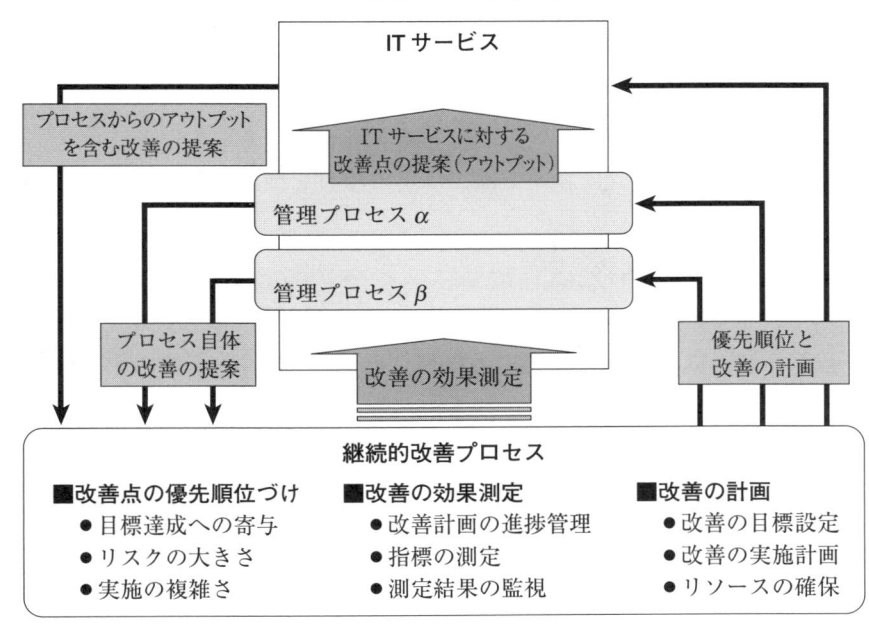

```
                          ITサービス
    ┌─────────────────┐   ┌──────────────────┐
    │プロセスからのアウトプット│   │  ITサービスに対する  │
    │を含む改善の提案     │   │ 改善点の提案(アウトプット)│
    └─────────────────┘   └──────────────────┘
                          │   管理プロセス α    │
                          │   管理プロセス β    │
    ┌─────────────────┐   ┌──────────────────┐   ┌─────────────┐
    │プロセス自体      │   │   改善の効果測定    │   │ 優先順位と   │
    │の改善の提案      │   │                  │   │ 改善の計画   │
    └─────────────────┘   └──────────────────┘   └─────────────┘

    ┌──────────────────────────────────────────────────┐
    │              継続的改善プロセス                     │
    │ ■改善点の優先順位づけ  ■改善の効果測定   ■改善の計画  │
    │  ●目標達成への寄与    ●改善計画の進捗管理  ●改善の目標設定│
    │  ●リスクの大きさ      ●指標の測定       ●改善の実施計画│
    │  ●実施の複雑さ        ●測定結果の監視    ●リソースの確保│
    └──────────────────────────────────────────────────┘
```

実装（実施手順を文書化し、それにもとづき業務を実施すること）していくことである。

(1) 管理プロセスの設計

　ITサービスマネジメントの構築にあたって、既存の管理プロセスの改善や新規の管理プロセスの導入を行っていく必要がある。

　管理プロセスの設計においては、ITサービスマネジメントの国際規格であるISO 20000やベストプラクティスであるITILを活用する。もちろん、対象とするITサービスの目標や戦略、組織や業務の実態、リスクアセスメント結果などを踏まえて最終的にあるべきITサービスマネジメントの形を決めることになる。

　個々の管理プロセスを設計する際には、あらかじめ管理プロセス間で

どのような情報をやりとりするのかといったような関係性を考慮しながら進めなければならない。なぜなら、個々の管理プロセス自体は、適切なものであっても、ITサービスマネジメント全体としては、うまく機能しなくなるからである。

管理プロセスの設計においては、以下の項目を検討する。

(a) プロセスの名称

管理プロセスの名称を検討する。社内において既に通用している名称でもよいが、ISO 20000やITILで用いられている名称を使用するほうがプロジェクトを円滑に進められるだろう。しかし、中小規模の組織においては、ISO 20000やITILで定義されている管理プロセスごとに責任者や担当者を分けることは難しい。したがって、いくつかの管理プロセスを合わせて、ひとつの管理プロセスとして設計する場合もあるだろう。その場合には、その管理プロセスの業務の実態にあった名称を採用すべきである。

(b) プロセスの目標

ITサービスマネジメントにおける管理プロセスの目標を検討する。ISO 20000やITLLを参照しつつ、当該ITサービスにおける各管理プロセスの目標を決定する。プロセスの目標はその達成度合いを客観的に評価できるように、CSFやKPIを含めてできるだけ具体的に設定すべき

図表5.3 プロセスの目標の例

具体的な目標の例(CSF、KPIを含む)	抽象的な目標の例
●ヘルプデスクの顧客満足度の向上	●ヘルプデスクサービスの品質向上
●変更にともなう障害発生件数を前年度より削減	●変更管理による障害発生の低減
●すべての問合せに3日以内に対応	●問合せ対応の迅速化

である(図表5.3)。

　プロセスの目標については、既にマネジメントシステム全体の確立のフェーズでも検討を行っているはずなので、ここでは、その見直しと最終決定を行う。

(c)　プロセスの適用範囲

　管理プロセスがどの業務範囲を対象とするかを検討する。管理プロセスによっては業務が複数の組織をまたがっている場合もある。その場合は、特定の組織が実施している業務が適用範囲から漏れないように注意を払わなければならない。

(d)　役割と責任

　各管理プロセスのプロセスマネージャと担当者の役割と責任を検討する。一般的には、プロセスマネージャはプロセスの目標達成やプロセスの実装などに責任をもち、担当者は定義されたプロセスの実施に責任をもつ。別途、プロセスオーナを設ける場合には、体制の整備とプロセスの実装の責任をプロセスマネージャに、目標達成(成果)の責任をプロセスオーナにもたせる[1]。

(e)　プロセスの概要

　管理プロセスにおける活動、必要な資源、およびインプットとアウトプットの概要を検討する。管理プロセスの概要は、その管理プロセスのサブプロセスぐらいまで検討しておけばよいだろう。

---

[1]　プロセスマネージャは、ITサービスマネジメントの構築プロジェクトにおいて当該管理プロセスの構築責任を担ってもらうため早期に決定しておくこと。具体的には、プロジェクト計画立案時点、遅くともマネジメントシステムの設計時に決定しておく。

また、管理プロセスを実施するために、ソフトウェアツールを利用するかどうかを検討する。多数のユーザや構成品目を取り扱うITサービスが対象の場合には、インシデント管理や構成管理にツールを利用することで運用効率を上げることができる。このような場合は、ツールに従って処理を行っていけばよいため、詳細な実施手順書を必要としない場合もある。しかし、ツールの設定自体が適切かどうかの確認を行う必要があるため、重要な事項に関しては、文書として残しておくべきである。

(f) 他のプロセスとのインタフェースと依存性

ITサービスマネジメントにおける管理プロセスは、他の管理プロセスと相互に関連しているので、その関係性を明らかにしておく必要がある。また、他の管理プロセスと日々のITサービス提供に関するオペレーションなどとのインタフェースや依存性についても確認すべきである。

(g) KPIと測定方法

管理プロセスのKPI(重要業績評価指標)とその測定方法は、管理プロセスの有効性を評価するために必要となる。管理プロセスの有効性とは、管理プロセスの目標の達成度合いである。この達成度合いを客観的に評価することができるようなKPIを採用する。管理プロセスのKPIの検討は、マネジメントシステムの確立フェーズでも行っているため、ここではその見直しと決定を行う。なお、KPIの測定方法については次節以降で解説する。

認証取得のポイント

ISO 20000の認証を取得するためにはソフトウェアツールの利用が必須というわけではない。要するに、ITサービスマネジメン

トおよび各管理プロセスの目標を達成するための管理と記録ができればよい。したがって、対象とするITサービスの規模が小さい場合には、構成管理を表計算ソフトなどで行っていても、実施すべき事項がなされているのなら問題はない。

(2) 管理プロセスの実装

設計した管理プロセスにもとづき、実施手順を文書化し、それを実際の業務に反映させることを管理プロセスの実装という。管理プロセスの実装は、次のような手順で進めていく。

(a) 実施手順の作成

管理プロセスの設計にもとづいて、実施手順を作成していく。管理プロセスの実施を支援するツールを用いる場合には、ツールの導入やツールの操作手順の整備も併せて行うことになる。実施手順では、管理プロセスがどのように実行されるかを記述したプロセスフロー図を記述しておくと、他のプロセスとの関連を視覚的に理解しやすくなるだろう。

(b) 周知および徹底

作成した実施手順を実際の業務に適用するために、関係する要員に対して説明を行い、実際の業務で運用できるかを確認する。実施手順などが確定したところで、説明会などの手段を用いて内容を周知・徹底する。説明会などでは、管理プロセスの目標、インプットおよびアウトプット、管理プロセス間の関連性(インタフェース)、実施手順などの説明を行う。

(c) 管理プロセスの実行

新たな実施手順が導入された当初は、さまざまな疑問点や課題が出て

くるはずである。それらの疑問点や課題は、ITサービスマネジメントの各プロセスマネージャや運営事務局に速やかに連絡されるようにしておくことが必要である。運営事務局は、収集した疑問点や課題を取りまとめ、必要に応じてFAQとして整備し公開する必要がある。

5.3 KPIの測定スキームの導入

ITサービス、ITサービスマネジメント全体、および各管理プロセスの目標とKPI(重要業績評価指標)を監視・測定し、管理者や経営層に報告するための枠組みをITサービスマネジメントにおける測定スキームという。測定スキームを導入することの目的は、ITサービスマネジメント、ITサービス、管理プロセスそれぞれの目標の達成度合いを"可視化"することである。

(1) KPIの測定スキームの設計

各管理プロセスにおけるKPIの測定方法は、各管理プロセスの設計時に検討する。目標を具体的に測定するためには、どのようなKPIが必要なのかを検討する。また、そのKPIを測定するためには、どのようなデータを蓄積し、いつ測定を行うかを決めておく必要がある。また、具体的にデータの蓄積方法や収集方法の手順(いつ、誰が、どのように行うか)を決める。

測定スキームを確実かつ有効に機能させるためには、明確な役割分担の定義と、KPIを測定するための手順、および内部監査の活用を検討しなければならない(**図表5.4**)。

測定スキームの設計方法は、ITサービスマネジメントを実行する組織の規模や特性によってさまざまであるが、一般的には以下のように考えることができる。

5.3 KPIの測定スキームの導入

図表5.4 測定スキームの概念図

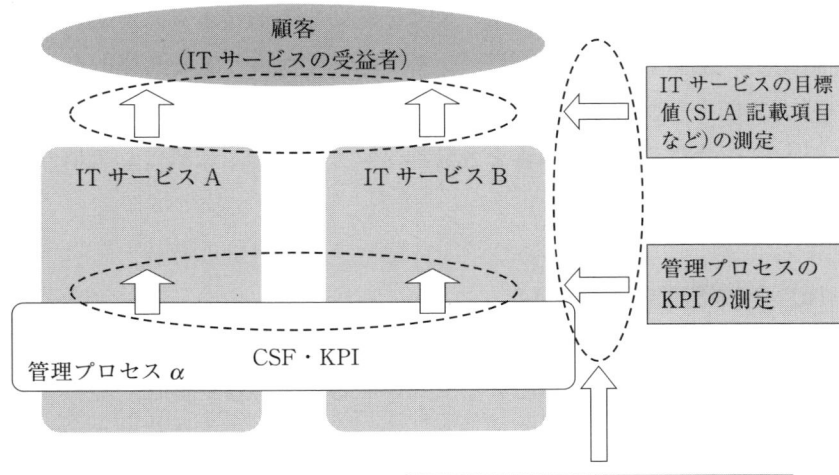

```
         顧客
   (ITサービスの受益者)
      ↑         ↑        ← ITサービスの目標
                              値(SLA記載項目
  ITサービスA  ITサービスB      など)の測定

      ↑         ↑        ← 管理プロセスの
                              KPIの測定
  管理プロセスα   CSF・KPI

                          ← 測定スキームの有効性の確認、測定
                              手順の妥当性、測定結果の正確性の
                              確認(内部監査)
```

(a) 明確な役割分担の定義

　測定スキームを実施するにあたって、ITサービスマネジメントの運営事務局、ITサービスの管理者(サービスマネージャ)、および各管理プロセスの管理者(プロセスマネージャ)に、測定および報告の作業を割り当てる。ここで、運営事務局、ITサービスの管理者、および各管理プロセスの管理者は、それぞれITサービスマネジメント全体、ITサービス、各管理プロセスのKPIを測定する役割とそのために必要な権限を与えられる必要がある。また、測定したKPIを誰に対して報告すべきかを決めておく。

(b) KPIの測定および報告手順の整備

　KPIを測定および報告するための手順は、いくつかの階層に分けて整

備することが望ましい。管理プロセスの測定および報告の手順において
は、管理プロセスの管理者の下、KPIを適切な方法によって一定の頻度
で測定し、運営事務局とITサービスの管理者へ報告する具体的な手続
が記述されることになる。これには、ITサービスの管理者から経営層
に報告される測定結果の報告を各管理プロセスの測定結果として取りま
とめる手順も含まれる。

(c) 内部監査の活用

適切なKPIの測定スキームを確立し、有効なKPIの測定と活用を行う
ためには、内部監査の活用が欠かせない。どのような監査をいつ行うか
は、内部監査部門の決定事項ではあるが、KPIの測定と内部監査の有効
性を向上させるために運営事務局は、可能な範囲において、内部監査部
門と協力していく必要がある。なお、内部監査の活用については、第6
章で詳細に説明する。

(2) 測定実施と報告

実際のKPIの測定の方法は、使用可能なツールや測定作業に割り当て
ることのできる人的リソースを考慮して決定する。既に目標やKPIを設
定する際に現実的に測定できるものを選択しているはずであるが、具体
的な測定方法を検討したうえで、KPIを見直すこともある。仮に手作業
での測定が困難である場合は、ツールを導入するか、KPIを手作業また
は現在使用可能なツールで測定できるものに再設定することになる。い
ずれにしても、投下可能なコストやリソースを踏まえて決定することに
なるだろう。ITサービスマネジメントの各管理プロセスを構築または
改善するために支援ツールを導入することもあるが、ツールを選定する
際には、KPIの収集や分析、レポート作成の機能についても考慮する。

次に、測定したKPIの報告方法(報告先、内容、頻度)を考えなければ

ならない。報告の内容や頻度を考える場合には、報告相手を意識することが重要である。例えば、経営層に対して支援ツールが出力する極めて詳細なレポートの内容を報告することは意味がない。目標が達成できているのか、いないのか？　いないのならその理由はなぜかといった点を中心に報告すればよい。

　目標に対する達成度を報告するレポートを作成する場合、目標を達成できなかったサービスやプロセスに注力しがちである。しかし、目標を達成できたサービスやプロセスについても盛り込むことが重要である。このレポートの内容次第で、ITサービスマネジメントの改善活動の成否が決定づけられるといっても過言ではないからである。

(3) 測定スキームにおける内部監査の役割

　KPIの測定および報告の活動自体は、内部監査部門の役割ではない。ただし、KPIの測定や報告の活動を客観的に評価しなければ測定スキームの妥当性や測定結果の正確性が危ぶまれ、測定結果にもとづいた正しい判断や活動ができなくなってしまう。そこで、内部監査を活用して測定スキームの妥当性や測定結果の妥当性を確認することが必要となる。

　KPIの設定作業はITサービスや各管理プロセスを実施・提供する中心メンバーが行う。KPIの達成度、すなわち各管理プロセスの目標の達成度合いは、彼らの評価そのものであるため、場合によっては都合の良いKPIしか設定されないとも限らない。内部監査では、ITサービスの内容や事業戦略にもとづいて、適切な管理プロセスの目標やKPIが設定されているのか、また、その測定の体制や手順が適切なものかどうかを確認する。測定スキームにおける内部監査の役割をまとめると次のようになる。

(a) KPI(重要業績評価指標)の妥当性の確認

KPIの設定プロセス(手順)をレビューするとともに、設定されたKPIを達成することによってITサービスマネジメントや管理プロセスの目標が達成されることを確認する。

(b) 測定スキーム自体の有効性の確認

測定スキームを機能させるための実施体制、役割分担、実施手順、使用するツール類が整備されており、実施可能であることを確認する。

(c) 測定結果の正確性の確認

内部監査機能は、KPIの測定手順や報告手順をレビューし、誤りの発生要因となる手続がないことを確認する。また、あらかじめ定められた測定手順および報告手順に従ってKPIの測定および報告がなされていることを確認する。

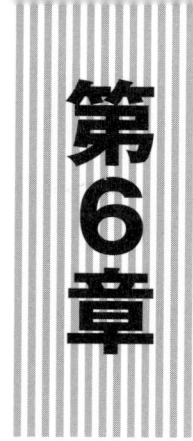

第6章 監視活動と内部監査

ITサービスマネジメントの構築後は、運用状況の監視を行いつつ、その結果にもとづき改善活動を行って、段階的にITサービスやマネジメントシステムの品質を維持向上していかなければならない。本章では、内部監査を中心に監視活動について解説する。

6.1 監視活動

ITサービスマネジメント構築後の運用段階で、最も重要な活動が監視活動とそれにもとづく改善活動である。ここでは、監視活動の目的や種類について説明する。

(1) 監視、測定およびレビュー

測定とは、ITサービスマネジメントや管理プロセスの改善のために、信頼できる情報やデータを収集することをいう。監視とは、測定を定期的に繰り返し、蓄積された情報やデータを分析することである。もし、測定結果が当初に意図したものでない場合は、管理プロセスに何らかの問題がある可能性が高い。このようなプロセス上の課題を発見することを(プロセス)レビューという。本章では、監視、測定およびレビューを合わせて監視活動という。

（2） 実行主体による分類

　ITサービスマネジメントにおける監視活動は、実行主体により、以下の3つに分かれる。各実行主体の監視活動は相互に補完し合うことによって有効な監視活動が可能になる（**図表6.1**）。

（a） 管理プロセスの実行主体による監視活動

　各管理プロセスでの監視活動は、管理プロセスを担当するプロセスマネージャが中心となって実施する。プロセスマネージャは、各管理プロセスで設定したKPIを測定し、測定結果を分析する。また、測定結果や分析結果は、定期的に、または必要に応じて運営事務局に報告する。これについては第5章で述べたとおりである。

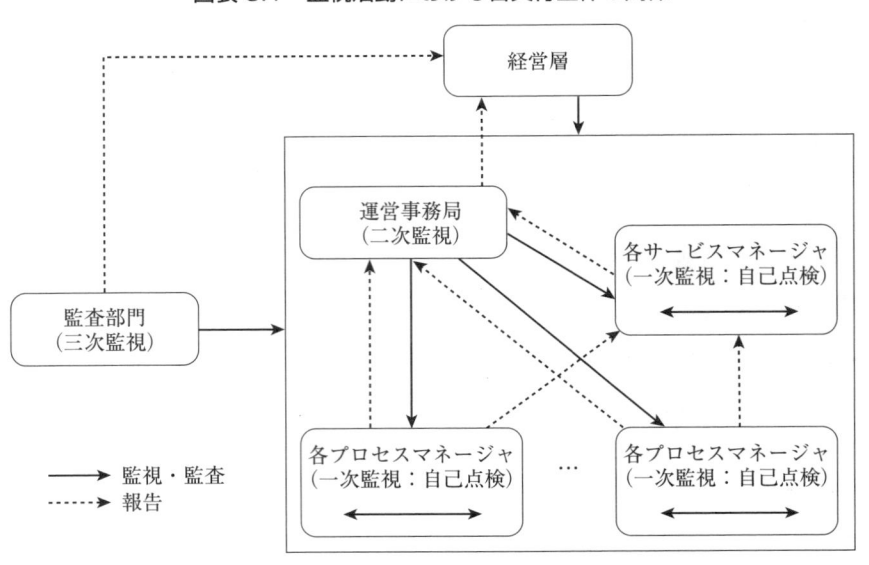

図表6.1　監視活動における各実行主体の関係

(b) 運営事務局による監視活動

運営事務局は、各プロセスマネージャやサービスマネージャから報告された測定結果や分析結果を整理し、ITサービスマネジメント全体としての目標の達成度合いを評価する。また、ITサービスマネジメント全体にかかわるようなKPIについては、直接、運営事務局が測定し、分析を行うことになる。

これに加えて、運営事務局は、各管理プロセスでの監視活動が適切に行われるように支援する。

(c) 内部監査部門による監視活動

内部監査部門による監視活動は、ITサービスマネジメントが適切に運用されているかを監査することである。内部監査では、運営事務局のITサービスマネジメントの運営や各管理プロセスの実施や監視活動が、手順に従って実施されているかを確認することが中心となる。したがって、内部監査部門が直接、KPIを測定することは基本的にはない。しかし、運営事務局やプロセスマネージャが行っている測定の適切性を確認するために、一部の測定を自ら行い、測定結果を比較するような監査手法を採る場合がある。

なお、内部監査に関しては、次節で詳細に説明する。

6.2 内部監査

内部監査は、マネジメントシステムの運用において、必要不可欠な要素である。ここでは、内部監査の基本的な説明とITサービスマネジメントにおける内部監査態勢の整備および内部監査の実施について説明する。

（1） ITサービスマネジメントの内部監査

　内部監査とは、経営トップの意思や社内の規定などに従って、業務が適切かつ効率的に実施されているかを確認し、その結果や改善案を経営層に提示するものである。ITサービスマネジメントも、社内における重要なマネジメントのひとつとして内部監査の対象になる。

　ISO 20000においても管理プロセスが計画どおりの結果を達成する能力があることを実証するためのモニタリング（監視活動）を実施することが要求されている。この監視活動において、内部監査は重要な役割を果たすのである。

　以下に、ITサービスマネジメントの内部監査について、その概要とポイントを解説する。

（2） 内部監査態勢の整備

　ITサービスマネジメントの内部監査を実施するためには、最初に内部監査態勢の整備を行う必要がある。以下に内部監査態勢を整備するための主要な項目を示す。

（a） 内部監査の環境整備

　多くの組織においては、内部監査の必要性が理解されていなかったり、業務を阻害するものとして内部監査に積極的な協力が得られないような状況も見られる。したがって、経営層が、内部監査の重要性や内部監査実施者の権限や責任について組織内に周知することが必要である。そのためには、内部監査部門やITサービスマネジメントの監査チームを社長直属として配置し、その権限と責任を明確にしなければならない。

(b) 内部監査体制の整備と独立性

内部監査は、対象業務とは独立した組織や担当者が実施しなければならない。したがって、内部監査部門が設置されている組織においては、内部監査部門がITサービスマネジメントの監査を実施するのがよい。しかし、内部監査部門が設置されていない、あるいは要員や知識の不足により内部監査部門がITサービスマネジメントの監査を実施できない場合もある。このような場合は、対象業務に直接関与していない要員を集めて、プロジェクトチーム形式で監査を実施することもある。

また、監査法人などの外部の専門機関を利用して監査を実施する場合もある。この場合、①外部監査として依頼する場合と、②内部監査の代行として依頼する場合がある。①は、内部監査を含めたPDCAサイクルの適切性をより客観的かつ専門的に評価してもらうために依頼する。②は、自社で内部監査を実施することが困難なため依頼するものである。

②の場合、独立性という点では問題はないが、内部監査を外部に丸投げするのは問題である。したがって、外部の専門家を使って、内部監査を実施する場合においても、社内の内部監査の責任者が、内部監査の基本方針を示し、内部監査実施にかかわる指示と承認、監査結果と改善案についてのレビューと承認を行うことが必要になる。この内部監査の責任者についても当然監査対象部門との独立性が求められる。

(c) 監査実施に関する規程などの整備

内部監査を適切に実施するためには、監査実施者が従う規程や手順書、および評価を行うにあたっての基準が必要となる。既に一般的な内部監査の規程や手順書が整備されている場合には、ITサービスマネジメントの内部監査においてもこれを利用する。

内部監査の評価基準については、ITサービスマネジメント構築において整備した各種の規程や手順書が第一に考えられる。これに、各監査

の目的やテーマに従って、ISO 20000やITILなどを参照し、チェックリストを策定することになる。

(3) 内部監査の実施手順

この項では、実際にITサービスマネジメントの監査を実施するための手順について説明する。

(a) 年度計画の策定

監査計画は、当該年度の内部監査の基本方針などを定めた年間計画と、個別に実施する監査テーマごとの個別計画からなる。内部監査部門がITサービスマネジメントの監査を行う場合は、他の監査を含めた年度計画を策定することになるだろう。

年度計画においては、目的や対象ごとに、監査をいつ、どの程度の期間で実施するかを定める。なお、監査の実施にあたっては、業務監査や他のマネジメントシステムの監査と監査内容が重複する場合がある。このような場合には、重複する監査内容を同時に実施するような監査計画を策定するのが、監査実施側にも、また被監査部門においても望ましい。

また、ITサービスマネジメントの対象範囲が広い場合には、1年ですべての対象範囲や監査テーマについて監査を実施することができないかもしれない。そのような場合は、長くても3年で対象範囲やテーマを網羅することが必要である。したがって、年度計画とは別に、3年間で実施する監査の中期計画を策定しておくことが望ましい。

以下に、内部監査の年度計画に記載する事項を示す。

- 監査テーマ(監査目的)
    - マネジメントシステムの運営状況の準拠性(マネジメントシステムの運営が規程や手順書に従って行われているかを確認する)

―管理プロセスの実施内容の適切性（各管理プロセスの実施内容が、効率的でITサービスや各管理プロセスの目的に沿っているかを確認する）

―管理プロセスのKPIの妥当性（設定されたKPIは、管理プロセスの目標の達成度合いを評価するのに適切なものであるか、またデータの収集などにおいて現実的なものであるかを確認する）　など

- 監査対象
  ―対象とするITサービス
  ―管理プロセス
  ―組織　など
- 監査の実施期間および監査工数
- 監査の実施体制

(b) 個別計画と監査手続

個別の監査実施時には、監査テーマごとに詳細な計画を策定する必要がある。**図表6.2**に個別監査の計画から監査報告までの流れを示す。個別計画には次の事項を含める。

図表6.2　個別監査計画の策定から監査実施までの手順

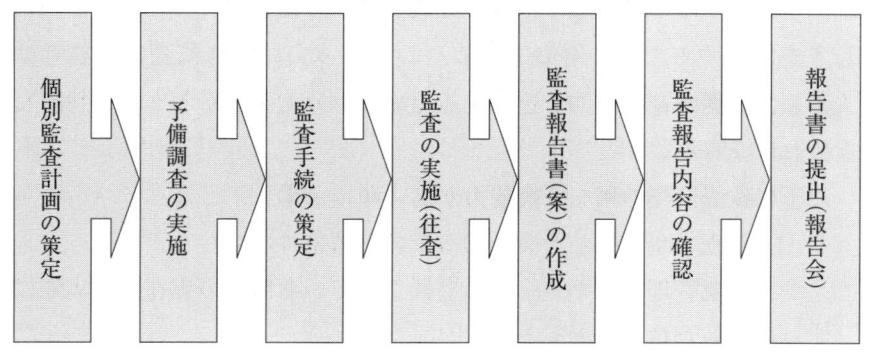

個別監査計画の策定 → 予備調査の実施 → 監査手続の策定 → 監査の実施（往査） → 監査報告書（案）の作成 → 監査報告内容の確認 → 報告書の提出（報告会）

- 詳細な監査スケジュール
- 実施場所(組織、拠点、施設など)
- 実施責任者および担当者
- 評価基準(評価基準となる規程や手順書など)

　また、監査の実施の際には、監査手続を作成する。監査手続とは、監査項目と監査手法からなる。監査目的を達成するためには、どのような項目を、どのような方法で評価しなければならないかを記述したものである。監査手続を作成するには、監査対象についての予備調査が必要である。例えば、監査の評価基準として、手順書を利用しようと計画していたが、予備調査の結果、手順書が未整備であることがわかる場合もある。このような場合は、一般に公開されている基準などを利用して監査手続を作成する必要があるからである。

　なお、監査の実施過程において、当初想定していなかった新たな事象が発見され、それが監査の目的に大きな影響を及ぼす場合がある。このような場合には、計画を変更するといった弾力的な運用が求められる。

(c)　監査の実施と監査証拠

　監査は、計画段階において作成した個別計画や監査手続に従って実施する。監査の実施段階では、インタビューや資料類の確認によって監査証拠を収集することになる。監査証拠とは、各監査項目の評価結果の正しさを証明するためのものである。したがって、内部監査の実施者は、入手した証拠が監査目的を達成するために十分であるかどうかを判断しなければならない。

　以下に監査証拠の例を証拠能力が高い順に示す。

① 監査人が実施した実証的なテスト結果
　　構成管理データベースに登録されている機器の実在性を実際に確認した結果など

② 外部から得られた資料
　　顧客が回答した顧客満足度の評価結果など
③ 対象部門によって作成された資料
　　バックアップの実施記録、各種申請書類、報告用資料など
④ インタビューにより得られた事実
　　手順に従って業務を実施しているという合理的な説明など

(d)　監査手法

　監査証拠は、関連書類の閲覧・査閲、担当者へのインタビュー、および現場視察などの監査手法を通じて入手することになる。また、サンプリングの手法を使って、実証的に証拠を入手することも可能である。以下に代表的な監査手法について説明する。

① 関連資料類の閲覧・査閲

　閲覧とは、手順書、議事録などの文書を通読して大まかにプロセスやそのコントロールなどを把握する手法である。一方、査閲とは、文書やデータなどの比較や分析によってその正確性や信頼性を確かめる手法である。査閲によって気づいた事項については、インタビューや現場視察などによって確かめることが必要である。

② 担当者へのインタビュー

　インタビューとは、関連する情報について、担当者に質問して、説明または回答を求める手法である。質問に対する回答から、新たな情報の入手や入手済みの証拠の裏付けが可能になることがある。
　なお、質問に対する回答のみでは十分かつ適切な証跡となり得ないことが多いため、それを裏付ける情報などの入手が必要であることに留意する。

③ 現場視察

現場視察とは、業務を実施している現場などに赴いて、業務の実施状況などを確かめる手法である。なお、現場視察によって得た証拠は、視察を行った時点のみの証拠であることに留意する必要がある。その理由は、ある手順書の実施状況を視察し、その適切な実施を確かめたとしても、当該手順が評価対象期間を通じて適切に実施されているかどうかは、確かめることはできないからである。そのため、それを補完する記録類の査閲などを行うことが必要になる。

④ サンプリング

例えば、あるプロセスのコントロールの実施状況を調べる場合に、すべての証跡を確かめなくても、一部の実施状況を確かめることで、当該コントロールの機能の有効性を確かめることが可能である。サンプリングの数をどの程度にするかは、母数となる件数や他の監査結果から、どの程度コントロールの実施状況が信頼できるかなどによって決定する。

各監査手法を使って入手した監査証拠は、調書として保存しなければならない。調書とは、報告書に記載する事項の根拠となる証拠やその他関連資料などをまとめたものである。調書には、監査人自身が直接入手した資料やテスト結果だけでなく、対象部門側から提出された資料などが含まれる。

(e) 監査報告

内部監査で発見された事項は、リスクの大きさを総合的に評価したうえで監査報告書に記載することになる。監査報告書には、発見事項について問題点や原因などを明らかにし、改善に向けた方策をわかりやすく提示することが重要である。

監査責任者は、監査のプロセスのレビューを行い、証拠などに不足があれば、適時追加的な確認を指示しなければならない。また、報告書案が完成した段階で、報告書の記載内容に事実誤認がないかどうか、対象部門に事実確認を依頼する必要がある。また、改善提案は、その実現可能性について、対象部門と意見調整をしておくことが望ましい。

　作成された監査報告書は、監査責任者の承認を受けた後、対象部門に通知するとともに経営層に対して報告する。内部監査報告書の改善を要する事項については、対象部門に対して改善計画の提出を依頼する。改善計画については、フォローアップ監査で、その実施状況を監査することが必要である。

第7章 継続的な改善活動とマネジメントサイクルの運営

ITサービスマネジメントは、他のマネジメントシステムと同様に、構築後の運営や改善活動が重要である。本章では、監視活動などの結果にもとづく改善活動やマネジメントシステムの継続的な運営について解説する。

7.1 継続的な改善活動

マネジメントシステムの運営では、内部監査などの監視活動の結果にもとづき、改善活動を継続的に実施していかなければならない。以下に改善活動を行うにあたっての手順を説明する。

(1) 改善事項の分類

ITサービスマネジメントに関する改善事項は、①サービス内容および管理プロセスに関するもの、②マネジメントシステムの運営に関するものの大きく2つに分類することができる。①に関する改善点は、どの管理プロセスに関係するかを分類し、該当する管理プロセスのプロセスマネージャの責任の下で実施される。また、②に関する改善点は、基本的に運営事務局で実施する。なお、1つの改善事項が複数の管理プロセスに関係する場合もあることに留意する。また、サービス内容自体を改善しなければならないことも想定される。

以下に、サービス内容および管理プロセスに関する改善事項とマネジメントシステムに関する改善事項について説明する。

(a) サービス内容および管理プロセスに関する改善事項

サービス内容および管理プロセスに関する改善事項は、主にKPI（重要業績評価指標）の測定結果によって識別される。KPIを達成できなかった場合には、その原因を分析して特定し、原因を除去するために必要な改善事項を特定する。KPIを達成できた場合にも、ITサービスや管理プロセスの目標に対してKPIやその目標値が適切であったかを検討し、必要に応じて再設定する。また、管理プロセスの手順や遵守状況に関する改善事項は、自主点検や内部監査のプロセスレビューの結果から特定される。

(b) マネジメントシステムの運営に関する改善事項

マネジメントシステムの運営に関する改善事項は、自主点検や内部監査、マネジメントレビューから特定される。これらの改善事項は、各管理プロセスやITサービス全般に関連するため、改善の実施時期については各管理プロセスやITサービスの改善時期と整合を図る必要がある。

(2) 改善事項の優先順位の決定

改善事項には、①速やかに対応できるものと、②優先順位づけを行って、段階的に実施すべきものの2種類がある。速やかに対応でき、他に影響を与えない改善事項については、運営事務局、各サービスマネージャ、各プロセスマネージャの下で迅速に対応すればよい。それ以外の改善事項については、対応の優先順位づけを行って、対応することになる。

優先順位づけを行う際には何らかの判断尺度が必要になるが、ここでは以下に示す契約不履行（SLA未達）の可能性、目標達成への関係度合

い、リスクの大きさの3つの観点から考える。

（a）契約不履行（SLA未達）の可能性

社外の顧客に対するITサービスの提供は何らかの契約行為がともない、そのサービス内容やレベルは、SLAに細かく規定されている。したがって、改善事項の放置は、顧客との契約不履行につながる可能性もある。改善事項として発見された不具合は即座にSLAと照合し、契約不履行に該当する場合には、最優先で対応すべきである。

（b）目標達成への関係度合い

改善事項の実施が、ITサービスマネジメントや管理プロセスの目標達成にどの程度関係するかという観点である。目標達成により大きく関係する改善事項のほうが優先順位は高くなる。改善事項について、目標達成への関係度合いを「高い」、「中程度」、「低い」の3段階に分けるなどして優先順位づけを行う。

（c）リスクの大きさ

改善活動を行わなかった場合にITサービスが保有するリスクの大きさがどの程度になるかといった観点である。実施しなかった場合のリスクが大きい改善点のほうが優先順位は高くなる。リスクの大きさを「大きい」、「中程度」、「小さい」の3段階に分けるなどして優先順位づけを行う。

（3）サービス改善計画の策定

実施する改善事項の分類と優先順位づけを行ったら、改善計画を立案する。改善事項の実施においても、ITサービスマネジメントや各管理プロセスにおける活動と同様に目標設定と結果の測定が重要である。し

たがって、改善前の状況、および達成時期を含む改善結果の目標を改善計画のなかに記載しておくべきである。改善計画のなかには改善活動の実施者とスケジュール、改善結果を測定するためのKPI、KPIの測定実施者と測定時期なども記載しておく。

　改善事項の実施計画については、「サービス改善計画」として文書化し（**図表7.1**）、経営層からの承認を得て実行に移していく。実行段階に移行した改善計画については、定期的に進捗とKPIの測定結果を確認することが望まれる。また、改善事項が、複数のITサービスや各管理プロセスに関係する場合は、それらの改善事項について個々に対応していては組織全体として最適な改善活動とならない可能性がある。そのような状況を回避するために、各ITサービス、各管理プロセス、および関係する組織から個別に発見される改善事項の情報収集方法、優先順位づけの方法、各ITサービスや各管理プロセス間の改善点に関する調整方法などについて、あらかじめ決めておく。

（4）改善効果の測定

　サービス改善計画の承認を得たら、実際に改善活動を実施していくことになる。改善活動はITサービスマネジメントや各管理プロセスの目標達成に向けた取組みである。そのため、改善活動の進捗管理、改善活動の効果の測定を実施することが重要である。ただし、改善活動の効果を測定するためだけに新たな取組みを開始することについては慎重になったほうがよい。既に設計した測定スキームを最大限活用して改善活動の効果の測定も実施することが望ましい。

　サービス改善計画を実行に移す前に、改善活動を行う前のKPIを測定して、改善活動の効果を把握しやすくすることが重要である。測定するKPIは、サービス改善計画に記載される目標に関連したものになる。改善活動の前のKPIを測定して記録しておくことによって、改善活動が当

図表7.1 サービス改善計画の例

		ITSM事務局管理 No. CSIP001-01-001	
サービス名称	サービスマネージャ	○○部長	○○事業部長
XXXシステムの稼動管理サービス (対象顧客:AA商事、AA商事の関連会社3社)	山田 日付 2007/07/01	田中 日付 2007/08/01	鈴木 日付 2007/08/02

要改善事項(主な問題点等)	事象発生区分および発生日等		関連記録
■ サービス内容に関する問題点 a. XXXXXXXXXXXXXXXXXXXXXX b. XXXXXXXXXXXXXXXXXXXXXX ■ 管理プロセスに関する問題点 XXXXXXXXXXXXXXXXXXXX ■ サプライヤの提供サービスに関する問題点 XXXXXXXXXXXXXXXXXXX	区分 ☐ 顧客要求 ■ SLA未達 ☐ 監査不適合 ☐ 管理プロセス改善 ☐ その他( )	日付 2007年 5月31日	可用性管理レポートおよびキャパシティ管理レポート 別紙参照
	問題発生原因		
	■ 運用設計時において、XXXXXXXXXXX XXXXXXとなっていた。根本的な原因は XXXXXXXXXXであると考えられる。		

対応方針	関連する管理プロセス	
■ XXXXXXX(実施期限:XX年XX月) (具体的な改善内容を記載)	管理プロセス名	内容および影響
	インシデント 管理プロセス	
KPI		
費用の概算見積り	〈その他特記事項〉	〈添付資料〉

初予想していた効果を上げているかどうか判断することができるようになる。

当初計画していた改善活動が完了した際には、サービス改善計画に定義したKPIの目標値を達成できているかを測定し、その結果を記録すべきである。目標を達成できなかった場合、原因を究明して適切に対処す

る必要がある。

7.2 継続的なマネジメントシステムの運営

ITサービスマネジメントの構築期間は、構築の目的や対象範囲の規模によって、さまざまである。しかし、いったんITサービスマネジメントを構築した後は、事業年度に合わせてITサービスマネジメントの運営計画を策定していくのがよい。

(1) 年度計画策定にあたっての見直し

以下に、2年目以降のITサービスマネジメントの年度計画を策定するにあたって、見直しを検討したほうがよいものを示す。

(a) マネジメントシステムの見直し

ITサービスマネジメント全体のPDCAサイクルについての見直しを行う。具体的には、ITサービスマネジメントの運営体制、ならびにリスクアセスメント、教育、監査を含む監視活動、およびマネジメントレビューの手法や実施スケジュールなどについて見直しを行い、次年度の計画に盛り込んでいく。

(b) KPIの見直し

ITサービスマネジメントを適切に運営していくとKPIの測定結果が得られる。KPIにもとづく各管理プロセスの改善とは別に、そもそも目標に対するKPIの内容や目標値が適切であったのかを分析したうえで、次年度におけるKPIを見直し、計画に盛り込んでいく。

(c) 対象範囲の見直しや拡大

ITサービスマネジメントの構築を行い、運営してみたところで、その対象範囲の見直しを行う。当初の構築目的を達成するために、対象範囲に含めなければならない組織などが出てくるかもしれない。

また、円滑な構築と運用を行うために、対象範囲を絞ってプロジェクトを開始した場合は、一定の運営期間を経て後、対象範囲を拡大することになる。その場合、効率化のために、異なるITサービス間での管理プロセスを統合する場合もある。

7.3 新規ITサービス提供時の対応

新たなITサービスを企画・導入する場合や、既存のITサービスの範囲や内容が大きく変更される場合は、ITサービス導入管理に従って実施される。

(1) 変更管理プロセスとの関係

ITサービス導入管理は、ITサービスの企画、開発、リリースまでを対象範囲とし、企画段階ではスケジュール管理、予算管理、ITサービスの採算性の評価なども実施されることになる。これらは通常の開発プロジェクトでも実施される事項であるが、ITサービス導入管理では既存のITサービスマネジメントに加える必要のある変更点を特定することが重要となる。また、特定された変更点は、変更管理にインプットされることになる。

変更管理の役割は、ITサービスの提供に必要な構成要素の変更を管理することである。ITサービス導入管理からインプットされた変更点についても同様に変更管理によって管理されることになる。ITサービス導入管理と変更管理の対象範囲をこのように整理しておくことで両者

の役割分担を切り分けることが可能となる。

なお、ITサービス導入管理もITサービスの変更をともなうので、変更管理の対象範囲に含めることが理論的には可能であるが、変更管理のプロセス設計・定義が複雑になる可能性もあり現実的ではないだろう。

(2) ITサービス導入計画の策定

ITサービス導入管理では、導入するITサービスが予算範囲内かつ目標サービスレベルで実施されること、およびITサービスマネジメントの各管理プロセスによって管理可能とするために、ITサービス導入計画を策定する。ITサービス導入計画は、変更管理における承認を含めて、経営層の正式な承認を得るべきである。なお、ITサービス導入にあたっては開発や構築を必要とする場合が多いが、その場合には開発や構築プロジェクトを管理するための要素についてもITサービス導入計画に含むことが望まれる。

以下にITサービス導入計画に記述する項目と内容を示す。

(a) ITサービスの概要
導入するITサービスの概要を記述する。

(b) ITサービスの目標とKPI(重要業績評価指標)
導入するITサービスの達成目標と、目標の達成度合いを測定するためのKPIを記述する。ここに示された目標およびKPIにもとづいて各管理プロセスの目標を見直していくことになる。

(c) 予算およびスケジュール
ITサービスの導入に必要な予算、および導入スケジュールを記述する。

（d） 既存のITサービスまたは管理プロセスの変更点

既存のITサービスまたはITサービスマネジメントの各管理プロセスに加える必要がある変更点を特定し、記述する。例えば、今まで使用していなかったOSを用いてITサービスを提供するような場合に、そのOSに対応する新たな管理ツールを導入する必要がある場合が変更点に該当する。

（e） 顧客やサプライヤなどとの契約や合意事項に関する変更点

顧客やサプライヤなどとのSLAやUC（Underpinning Contract：請負契約）、あるいは契約書の変更点を特定し、記述する。新規のITサービスを提供する場合には新たなSLAが必要になる。また、既存のITサービスの変更の場合には、SLAに変更がある可能性が高いので、必要な変更点を特定しておくべきである。

（f） ITサービス提供要員に対する要求事項

ITサービスの導入にともない、必要なITサービス提供要員の人数や要求する能力を特定し、記述する。この内容にもとづき、要員の教育や採用を検討することになる。

（g） サービスデスクやユーザなどに対するトレーニング内容

ITサービスの導入にあたって、ユーザからの問合せを受け付けるサービスデスクに対してはトレーニングを実施する必要がある。そのため、実施すべきトレーニング内容を特定し、記述する。ユーザやその他のITサービス提供要員に対してトレーニングを実施する必要がある場合には、その内容も記述する。

(h) ITサービスの受入れ基準

現状の稼動環境に対する新たなITサービスの導入可否を決定するための受入れ基準を決定し、記述する。ここでの基準には、導入するITサービスが運用可能であり、管理プロセスによって管理可能であること、積み残し課題が整理されていることを含むべきである。

(3) ITサービスの導入

ITサービス導入計画の策定後、実際にITサービスを導入するには、導入するITサービスに各管理プロセスを適用する必要がある。具体的には、導入するITサービスについて、SLAの作成・合意、可用性の測定・評価、各構成品目(CI)の構成管理データベース(CMDB)への登録など、各管理プロセスの活動を適用する。例えば、ITサービスの稼動環境への導入時に一部機能を限定してリリースした場合、機能が限定されているため発生しやすいインシデントや問題について、インシデント管理や問題管理によって把握されていることが必要である。ITサービス導入計画では、これらの作業が必要になることを踏まえて予算とスケジュールを検討する必要がある。

7.4 経営層の積極的な関与

マネジメントシステムの構築には、経営層の明確なビジョン(目標)や強力なリーダシップが不可欠である。

本節では、ITサービスマネジメントの構築と運営における経営層の役割について「マネジメントレビュー」を中心に説明する。

(1) 構築段階でのマネジメントレビュー

ITサービスマネジメント構築時における経営層の関与は見過ごされ

がちである。しかし、構築段階での経営層の関与は、プロジェクトの成否の鍵を握るといってもよい。経営層は、以下の事項について適切なタイミングで報告を受け、内容の評価や承認(マネジメントレビュー)を行う必要がある。

(a) 対象範囲とプロジェクト計画の承認

対象範囲やプロジェクト計画の内容により、投下する経営資源(要員や予算)は異なる。プロジェクト開始時点において、経営層は、目標や計画の妥当性などを評価しておくべきである。経営の視点から要求事項を明確に伝え、プロジェクト計画などに反映させることが望まれる。

(b) ITサービスマネジメント基本方針の確立

ITサービスマネジメント基本方針を社内公式文書として定めるためにその内容を承認する。基本方針にはITサービスマネジメントの目標を記載し、目標の達成に向けた取組みを経営者の視点から助言していくことになる。また、社内の関係者への周知方法についても助言する。

(c) リスクアセスメント結果の承認

リスクアセスメントの手法が適切か、またアセスメント結果が妥当な内容かを報告内容から判断する。また、リスク対応方針(受容、低減、回避、移転などの判断)、および残余リスク、対応策やその実施計画について承認する。

(d) 組織間・プロセス間の調整

管理プロセスを整備する際の組織間・プロセス間の資源配分や役割分担などを調整する。また、整備する管理プロセスの対象についてもレビューし、承認する。

第7章 継続的な改善活動とマネジメントサイクルの運営

　上記以外に経営層は、構築時の各作業段階の終了時に都度報告を受け、状況を確認することが必要である。

認証取得のポイント

　　ISO 20000では、経営陣のコミットメント(関与)の証拠を示すことが求められる。したがって、マネジメントレビューを実施した記録として、議事録を作成し、保管しておく必要がある。
　　また、審査では、マネジメントレビューの運営方法について、明確な手順を準備していることを求められる場合がある。「マネジメントレビュー手順書」のような文書を用意しておくとよいだろう。

(2) 運用段階におけるマネジメントレビュー

　運用段階においても、構築段階と同様のマネジメントレビューが必要となる。各管理プロセスの運用結果を、経営層に報告するサービス報告書には次のような内容を盛り込む必要がある(**図表7.2**)。

- SLAに定められた目標値に対する結果
- 重大なイベント(影響範囲の広いインシデント、大規模な変更・リリースなど)の実施結果
- 顧客との契約不履行に該当する可能性のある項目(SLAに対するもの、セキュリティ違反など)
- 運用負荷の課題や傾向(人的リソースの稼動状況、システム資源などの使用量など)
- 顧客満足度の分析結果
- その他の各種傾向分析結果

図表 7.2　管理プロセスからのレポート例

インシデント管理	問題管理	可用性管理	変更管理	リリース管理
●インシデント総数 ●回避/解決までの平均所要時間 ●合意された対応時間内で処理されたインシデントの割合 ●インシデントごとのインシデントコスト ●サービスデスク内で解決したインシデントの割合	●問題とエラーの数(ステータス/サービス/影響度/カテゴリ/ユーザごと) ●クローズ済みの問題にかかった総時間 ●問題の発見からクローズするまでに要した平均時間と最長時間(影響度・サポートグループごと) ●未解決な問題の解決にかかる予想時間 ●未解決問題の現在までの総時間	●基本的な可用性計算(稼働率) ●障害から復旧までにかかった時間 ●実ダウンタイム ●計画的なダウンタイムを超過したダウンタイム ●IT サービスに影響を与える障害の発生頻度 ●インシデントの発生から解決までの平均経過時間(平均修理時間:MTTR) ●コンポーネントごとの復旧後再び故障するまでの間隔(平均故障間隔:MTBF) ●インシデントが発生してから次のインシデントが発生するまでの間隔(平均システム・インシデント間隔:MTBSI)	●実装された変更の数(合計/構成品目ごと/構成タイプごと/サービスごと) ●変更理由の内訳(ユーザ要求・拡張/業務要件/インシデント、問題の修正/手順の改善等) ●成功した変更の数 ●切り戻された変更の数とその理由 ●変更に起因するインシデントの数とその理由 ●変更の実施後レビューされた数およびレビューの未実施数 ●RFCの発生率の高い構成品目とその理由 ●前期間の測定結果との比較 ●却下されたRFCの数	●スケジュールどおり、かつ予算化されてリリース内で構築、実装されたリリース ●切り戻されたリリースの割合 ●失敗した構築の割合 ●DSLの管理状況大規模および小規模リリースの数 ●新しいリリースに起因する可能性がある稼働環境内の問題の数 ●購入したソフトウェアの法的遵守状況 ●新しいリリースで実装された新規、変更おおよび削除されたオブジェクト数 ●合意した期間内に完了したリリース数

出所）ITIL「サービスサポート」、「サービスデリバリ」をもとに作成

認証取得のポイント

　ISO 20000では、「サービスの報告」(6.2)として十分な意思決定と、効果的なコミュニケーションのために、合意された正確な報告書を作成することが求められている。これらは、必要に応じて、顧客に対しても還元する。
　この報告には次の事項を含むこととされている。
- 文書の識別(名称、文書番号、版数、日付など)
- 目的
- 報告先
- データの出所の詳細(作成部署、対象システムなど)

第Ⅱ部

ITサービスマネジメントの管理プロセス

　第Ⅱ部では、ITサービスマネジメントを構築するためのプロジェクトにおいて、取組みの中核部分となる「管理プロセスの設計・実装」段階での具体的な実施事項を解説する。第Ⅰ部第5章では、各管理プロセスを確立する際の基本的な考え方や共通の内容に触れている。第Ⅱ部においては、個々の管理プロセスごとに重要なポイントや「何をしなければならないのか」、「どのように構築していくか」といったレベルに掘り下げた解説を行う。プロジェクトの事務局およびITサービスを提供する現場での、管理プロセス整備および態勢構築に役立つように記述している。

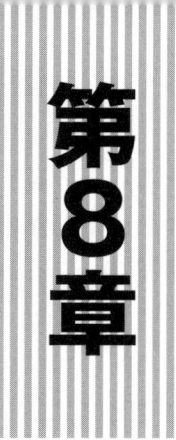

第8章 SLA策定とステークホルダとの関係構築

本章では、顧客との関係構築のために重要となるサービスレベル管理(Service Level Management : SLM)について、サービスレベル合意書(Service Level Agreement : SLA)の導入を中心に解説する。また、SLMに関係の深い顧客関係管理、サプライヤ管理についてもふれる。

8.1 SLAを起点とした顧客との関係構築

SLAは、提供するITサービスの内容や品質水準について、顧客と合意した内容を文書化したものである。したがって、SLAは、ITサービスマネジメントにおいて最も重要な文書のひとつといえる。ここでは、SLAやSLAに関連する文書、およびSLAなどを維持管理していくためのSLMについて説明する。

(1) サービスレベル合意書(SLA)

通常、SLAは契約の一部として取り交わされることが多い。SLAは顧客のサービスに対する要求をもとに、サービス内容や品質水準について顧客とITサービス提供者の間で正式に合意した文書である。SLAを検討するにあたっては、顧客の要求のみならず、合意するサービスレベルが技術的に可能であること、運用や資源の面で実現性があること、お

よびITサービスの提供コストに見合ったものであることなどを考慮する必要がある。また、SLAで定めた項目の品質水準については、達成度を客観的に評価できるように、できるだけ定量的な指標を用いるようにする。

　SLAは、一度策定してしまえば、そのままでよいというものではない。顧客との良好な関係を維持していくためには、SLAを適宜見直していくことが必要である。なぜなら、最初から完全なSLAを策定できるほうが、稀だからである。もし、当初から顧客の要求を満たすSLAを策定できたとしても、想定しているコストの範囲内でより高い品質水準のサービスを提供できるなら、顧客満足度をより高めていくためにSLAを見直すべきである。また、ビジネス環境の変化に対応するために、見直しが必要となる場合もある。

　このようにSLAにも、計画、導入、監視、見直しといったマネジメントサイクルが必要になる。このマネジメントサイクルの運営をサービ

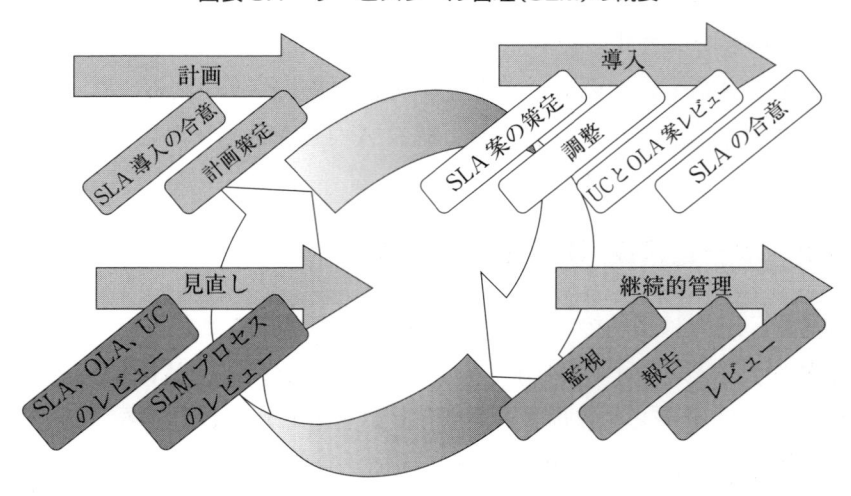

図表8.1　サービスレベル管理（SLM）の概要

出所）　ITIL『サービスデリバリ』などをもとに作成

スレベル管理(SLM)という。図表8.1にSLMの概要を示す。

> **認証取得のポイント**
>
> ISO 20000では、SLAが最新の状態であり、常に有効であることを確実にすることが求められている。したがって、締結日や有効期限などの管理についても留意する。

(2) SLAと、UCおよびOLAの関係

ISO 20000やITILでは、ITサービスを提供する者(ITサービス事業者や社内の情報システム部門)と提供を受ける者(顧客やユーザ)のほかに、サプライヤという組織体が登場する。サプライヤとは、ITサービスの提供者に機器やサービスなどを提供する者で、内部と外部のサプライヤに分けられる。

ITサービス提供者が顧客にITサービスを提供するにあたって、通信会社から通信回線やサービスの供給を受けている場合、通信会社は、外部サプライヤにあたる。一方、ハードウェアなどの購入に際して、社内の総務部門に購入業務を依頼しているような場合、総務部門は、内部サプライヤにあたる。この場合、総務部門は、ITサービスマネジメントの対象組織ではなく、サプライヤとしての位置づけとなる。

ITサービス提供者は、サプライヤのサービスを利用して、顧客やユーザにサービスを提供することになるため、顧客とのSLAを担保するためには、サプライヤとの間のサービスレベルが守られる必要がある。ITILでは、外部サプライヤとの間で合意するサービスレベルを文書化したものを「UC(Underpinning Contract：請負契約)」といい、企業内部のサプライヤと合意した文書を「OLA(Operational Level

Agreement：オペレーショナルレベル合意書)」という。

　顧客と合意したSLAを達成するためには、外部や内部のサプライヤとの間でUCやOLAを締結し、適切なサプライヤ管理を行わなければならない。

　また、外部サプライヤの先に、再委託先が存在する場合がある。この場合、再委託先の直接的な管理は、外部サプライヤにあるが、ITサービス提供者は、外部サプライヤ管理の一環として、外部サプライヤによる再委託先の管理状況を把握しておかなければならない。

認証取得のポイント

　ISO 20000では、ITILとは異なり、サービスレベルの合意書に関して、SLA、OLA、UCといった言葉が使い分けられておらず、すべてSLAという表記になっている。したがって、SLAを策定する際には、顧客やユーザとの間のSLAだけでなく、外部や内部の供給者(サプライヤ)とのSLAの策定についても忘れてはいけない。

(3) SLMと関係管理

　「サービスレベル管理(SLM)」を検討する際には、「顧客関係管理」や「サプライヤ管理」も同時に検討する必要がある。**図表8.2**に3つのプロセスの関係を示す。

　SLMとは、SLA、UC、およびOLAの合意形成過程を含む策定、維持・管理の手順を定めたものである。SLAは、提供されるITサービスのすべてについて合意したうえで作成することが必要である。

　SLAに非常に関係の深い管理プロセスとして、顧客関係管理とサプライヤ管理がある。サービス品質は、顧客とITサービス提供者の関係に依存するところが大きい。この関係に着目し、必要な管理の手順を示

8.1 SLAを起点とした顧客との関係構築

図表8.2 3つの管理プロセスの関係

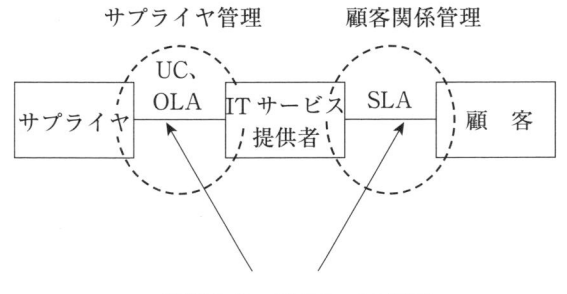

```
        サプライヤ管理           顧客関係管理
         ╭─────╮              ╭─────╮
         │ UC、│              │     │
  ┌────┤ OLA │ITサービス│ SLA │顧　客│
  │サプライヤ│    │ 提供者  │     │     │
         ╰─────╯              ╰─────╯
              ↑                  ↑
              └──広義のサービスレベル管理──┘
```

出所) ISO 20000-2をもとに作成

したものが、顧客関係管理である。顧客関係管理とは、サービスレビューミーティングの定期開催、顧客満足度の測定、苦情処理手順の整備や維持管理などをいう。サプライヤ管理とは、サプライヤとその再委託先を含む契約などの関係管理をいう。顧客関係管理がSLAを基本としての関係管理であるのに対し、サプライヤ管理はUCとOLAを基本とした関係管理である。

本書で述べる「サービスレベル管理」は、サプライヤとのUCとOLAの管理を含む「広義のサービスレベル管理」を指す。

認証取得のポイント

　ISO 20000に規定されている「サービスの報告」は誰に対する報告なのかといった点など、その取扱いが難しい。サービスの報告は、基本的に顧客への報告とITサービス提供者内の報告の両方であると理解する。サービスの報告に関する要求事項を満たすために以下の点に留意する。

① サービス報告書の体裁

文書の識別（記号・番号など）、目的、報告先、データの出所の詳細を記載する。
② サービス報告書の内容
- サービスレベル目標に対する実績
- SLAやセキュリティ違反などのルール不遵守事項およびその懸念
- 作業負荷の特性
- 重大なイベント後の結果報告
- 顧客満足度の分析結果
- 各種の傾向値の情報

8.2 SLA導入計画の策定

SLAは、ITサービスマネジメントにおいて中心となる文書である。したがって、SLA策定には、策定から顧客との合意までの手順について、綿密な計画を立て、実行しなければならない。

(1) SLA導入計画の策定

SLAの導入計画の策定に先立ち、ITサービスのプロファイル作成や関係者の整理を行う（第Ⅰ部第3章3.1(1)を参照）。顧客とITサービス提供者の双方で、はじめてSLAを導入する場合は、お互いに抵抗感があるかもしれない。なぜなら、顧客やユーザからすると、サービスに対する問合せや依頼に関して、柔軟性がなくなると捉えてしまうからである。また、ITサービス提供者にとっても、「SLAを楯に苦情が多くなったり、罰則を適用される」と考える傾向にある。実際に、かなり詳細なSLAを締結する米国のアウトソーシングにおいても、「ITサービス事業者がSLAの達成ばかりに気をとられ、付加価値のある提案ができなくなっ

ている」という反省が生じている。

　以上の状況を踏まえ、SLAの導入は段階的に行うのが望ましい。段階的な導入とは、当初はSLA項目を重要なものだけに絞ったり、SLAの目標値に幅をもたせて設定し、その後、運用状況を見て、SLA項目を増やしたり、SLAの最終的な目標値を設定するなどの方法である。また、既にITサービスを提供している場合のSLAの導入方法としては、正式なSLAを導入する前に試行期間を設けたり、組織内の一部のサービスを対象にパイロット導入するなどの方法が考えられる。

　また、SLA導入計画では、SLAの体系を検討しておく。ITサービス事業者によっては、複数の顧客に同一のITサービスを提供している場合や、1件の顧客に対して複数のITサービスを提供している場合もある。このような点を考慮したうえで、SLAの体系を考える必要がある。なお、ITILでは、主要なSLAの体系として、ITサービスをベースにしたSLA体系（原則、どの顧客も共通のSLAを使用）、顧客ベースのSLA体系（顧客ごとにSLAを策定）、両方を組み合わせたマルチベースのSLA体系が紹介されている。

　最適なSLAの体系は、それぞれの顧客との関係やITサービスの内容、設定するSLAの目標値などによって異なるため、ITサービスマネジメントの適用範囲や目的の検討と併せて、事前にSLAの体系を検討しておくことが望ましい。

認証取得のポイント

　ISO 20000では、SLA体系についての明確な要求事項はない。ただし、「提供するそれぞれのサービスを、一つ以上のSLAの中で定義し、合意し」（ISO 20000-1の6.1）という記述があることから、1つのSLA文書の中に複数のITサービスの記述があってもよいと解釈できる。

（2） SLAの内容と目標値の検討

　SLAでは、サービスの品質水準として、定量的な数値を決定する。㈳電子情報技術産業協会（JEITA）が取りまとめた『民間向けITシステムのSLAガイドライン第三版』（日経BP社）は、サービスの内容や品質水準を検討するうえで参考になる。このガイドラインには、現状を把握するためのSLA導入チェックシート、サービスレベルに該当する各項目の例、契約書やSLAのサンプルが掲載されている。**図表8.3**にSLAの目次例を示す。

　SLAの品質水準を決めるにあたっては、客観的に監視・測定可能な数値を評価項目として記載することが重要である。顧客は、できるだけ

図表8.3　SLAの目次例

```
××株式会社
サービスレベル合意書

● サービスの概要
● サービス開始日、終了日
● SLAの対象範囲
● サービスに関する体制・役割
● サービス内容（詳細）
● サービス時間帯
● サービスレベル
　　―サービスレベル評価項目・目標値
● セキュリティ要件
● サービス報告方法、報告手順
● インセンティブおよび罰則に関する事項
● SLA変更手順
● 苦情処理手順
● 報告先、緊急時連絡先
● 更新日、更新履歴
● 例外事項
```

SLAの項目を増やしたり、目標値を高く設定することを要求するかもしれない。しかし、SLA導入の目的は、あくまでもITサービスを提供する顧客との良好な関係を築くことである。したがって、評価項目の設定においては、どのようなサービス内容や品質水準が顧客のビジネスにとって重要であるかを考慮する必要がある。

> **認証取得のポイント**
>
> ISO 20000の認証を取得する際には、原則として対象とするITサービスに関して顧客とSLAが締結されていることが求められる。顧客のすべて、または一部とSLAが締結されていない場合は、事前に審査機関と相談する必要がある。SLAの導入には時間を要するからである。
>
> ISO 20000-1では、SLAの記載事項に関しての詳細な定義はないが、「顧客関係管理」(7.2)において、「苦情対応プロセスを備え」、「正式なサービスの苦情の明確化について、顧客と合意」することが求められている。この内容は、SLA、または契約書などに記載しておくことが必要である。

(3) 目標値測定方法の検討

SLAの項目や目標値を設定することに加え、目標値をどのように測定するのかを検討することが必要である。SLA項目や目標値、および測定方法は、顧客とSLA交渉の担当者だけではなく、各管理プロセスのプロセスマネージャと相談しながら検討しなければならない。なぜなら、実際にITサービスの提供にあたって、それらの目標値が測定可能かどうかの判断が必要だからである。

目標値を設定する場合、顧客とITサービス提供者側で目標値に関す

る認識が一致しているかどうかに注意する必要がある。例えば、ITサービスの可用性について、"99.9％"という目標値を設定した場合、サービスの稼動時間や停止時間についての定義が、顧客側とITサービス提供者側で異なる場合がある。また、実際に停止時や復旧時の時間をどのように記録しておくのかといった問題もある。

(4) 契約およびSLAの合意

既にサービス提供している顧客に対して、この取組みを機にあらためてSLAを締結する場合は、これまでのサービス提供実績にもとづいて合意を促すのがよいだろう。従来のサービス提供に大きな問題がない限り、比較的早い段階での合意が可能となる。これからサービス提供を開始しようとする新規顧客に対しては、アウトソーシングなどの移行の途中でプロジェクトが中止するなどの場合に備えて、ITサービス提供の基本契約は、できるだけ早く締結しておくことが重要である。基本契約では、基本的なサービスの概要などについてのみ合意しておくことになる。

一方、SLA合意の時期は、ある程度、運用の姿が見えてくる移行作業段階になる。前述のように、SLAの試行期間を設け、最終的な合意は、運用開始後に行われる場合も少なくない。

SLAの項目や目標値に加え、SLAの達成度合いについての監視や報告の方法、達成できていない場合の協議・対応方法についてもSLAに記載しておくことが必要である。

また、前述のように、ITサービスの提供に際して、外部のサプライヤを利用している場合、顧客と合意したサービスレベルを遵守するためには、サプライヤから提供されるサービスレベル(UC)についての合意作業も並行して進めなければならない。

認証取得のポイント

供給者(サプライヤ)とのSLA(UCまたはOLA)への記載事項としては、次の要求事項を満たす必要がある。

① 顧客とのSLAと整合がとれた内容であること
② 供給者が提供するサービスレベル、コミュニケーションプロセスをSLAなどで文書化すること
③ 統括供給者と再請負契約先供給者との間の役割を文書化すること
④ 統括供給者は、再請負契約先供給者が契約上の要求事項を満たすことを確実にするためのプロセスを実証できること(つまり合意された文書があること)
⑤ 契約上の紛争を処理するプロセスを、備えなければならない
⑥ サービス終了予定、サービスの打切り、他社への移管を扱うプロセスを備えなければならない

8.3 サービスレベル管理プロセスの整備

　SLAは、一度締結したら終わりではなく、合意したサービスレベルが達成できているかの監視、報告、達成できない場合の対応、およびSLAの見直しなど、絶えず維持向上を図っていく必要がある。これらのSLAの管理をサービスレベル管理(SLM)という。

(1) サービス報告

　ITサービス提供者は、SLAに記載したSLA項目の監視・測定結果からサービス報告書を作成し、顧客への報告を行う必要がある。報告の手

段としては、単にサービス報告書を送付するだけでなく、定期的に顧客とミーティングを開催し、サービス報告の内容を説明するなどの方法がある。

サービス報告書は、顧客との良好な関係を維持するための重要なツールであるため、その内容、および報告の頻度や方法、報告先やレビューミーティングの出席者などをあらかじめ取り決めてSLAのなかに記載しておくことが望ましい。

サービス報告書だけでなく、各種の運用報告やSLAを達成できなかった場合の例外報告の内容や報告手順についても、決めておく必要がある。また、顧客へ提示するサービス報告書の作成にあたり、サプライヤから事前の情報提供が必要になる場合もある。事前にサプライヤとの連携方法についても取り決めてUCやOLAに定めておく。

このように、ITサービス提供者は各報告をもとに、SLAの合意事項に従って顧客を含めた関係者との定期的なレビューミーティングを実施することとなる。このレビューミーティングの頻度は、ITサービスの内容などにより決定すればよいが、顧客との良好な関係維持のためには、顧客とITサービス提供者の役職ごとに適切な頻度を設定する必要がある。例えば、SLAの担当者レベルであれば月次単位で、また、ITサービスを提供、あるいは受けている部門の責任者レベルであれば、四半期または半期に一度程度の頻度でコミュニケーションをとるのが望ましい。

担当者レベルでのミーティングでは、各種のサービス報告書による報告に加えて、SLAの未達成事項やその改善方法、改善の進捗状況などを含めて報告する。報告内容は、技術的なものではなく、顧客のビジネスの視点に立って行うように努める。

> **認証取得のポイント**
>
> ISO 20000では、サービス範囲、SLA、契約、事業上のニーズに対する変更について討議するための少なくとも年1回のサービスレビューを要求している。加えて、SLAの達成度などについての討議のための中間で実施する会議を定期的に開催することが求められている。いずれも会議内容を文書化しなければならない。
>
> なお、サービスを変更する場合は、これらの会議を経たうえで、社内の変更管理プロセスで定義された変更管理の手順に従って行わなければならない。

(2) 顧客との関係維持方法の検討

顧客との良好な関係を構築・維持していくためには、提供しているITサービスについての顧客の満足度を把握・分析し、必要な改善を行う。顧客満足度調査の目的は、全体的な顧客満足度の水準だけでなく、個別の項目に対する満足度の大きな変化に着目し、変化の原因を分析する。

一般に顧客満足度は、顧客の回答者の主観的な判断に依存することが多い。したがって、回答者ができるだけ客観的に評価できるような質問の内容や選択肢を工夫する。一方、回答のために顧客に過度な負担をかけないように配慮することも忘れてはならない。

顧客満足度調査の結果に大きな変化が見られた場合には、サービス改善計画へのインプットを行う。また、顧客満足度調査の結果は、組織内の関係者に報告し、共有する。顧客満足度調査で良い結果が得られた場合には、各管理プロセスの担当者のモチベーションを高めるために、関係担当者に対する周知やインセンティブ(表彰や評価への反映など)の提供などを行うことが望ましい。

ITサービスの提供にあたって、顧客からの苦情は、顧客満足度を低くする大きな要因である。しかし、適切な苦情処理によって、影響を最少限に抑えることが可能であり、また、逆に顧客満足度を高めることもできる。ITサービス提供者は、苦情が発生してから対応方法を検討するのではなく、顧客との間で、あらかじめ苦情についての定義や取扱いに関して合意し、SLAに記載しておく必要がある。

苦情処理手順について顧客と合意する内容や社内で整備すべき内容は、苦情受付窓口、苦情記録方法、担当者、対処期限、関連部門への報告・協力要請方法、苦情が解決できない場合のエスカレーション先などがある。これらは顧客ごとに異なる場合もある。

苦情が一定期間未解決の場合の経過の報告方法も定めておく。発生した苦情は、記録することにより、苦情の傾向分析や根本的問題の発見につなげることが可能となる。発見された傾向や問題の影響範囲が大きい場合には、必要に応じてサービス改善計画にインプットする。

認証取得のポイント

ISO 20000では、顧客満足度の定期的な測定(顧客満足度調査)を実施し、その結果を反映した処置を講じるプロセスを整備しておくことが要求されている。

(3) サプライヤの管理・監督方法の検討

図表8.4に顧客、ITサービス提供者、サプライヤの関係を示す。

顧客とのSLAを達成するために、必要なサプライヤ管理としては次のものが挙げられる。

- 新規サプライヤ採用時の評価
- 契約およびSLA(UC)の締結

8.3 サービスレベル管理プロセスの整備

図表 8.4　顧客、IT サービス提供者、サプライヤの関係

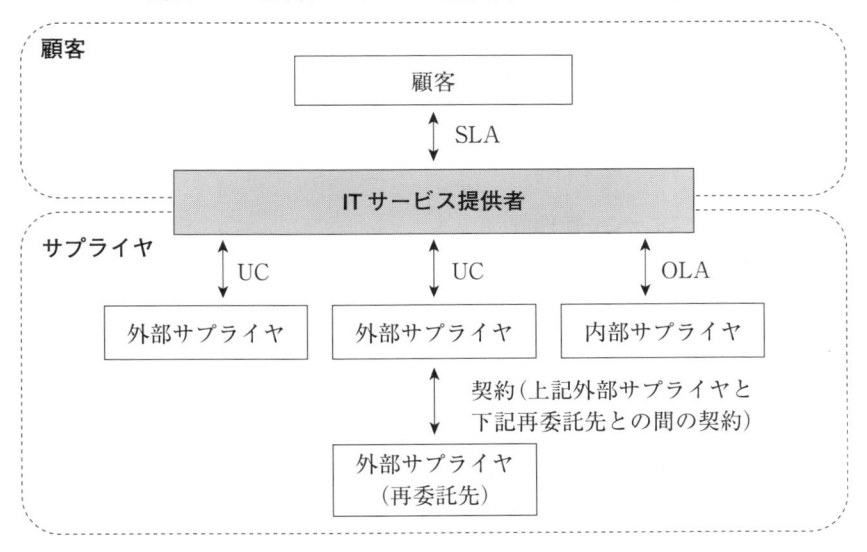

```
顧客
    ┌─────────────┐
    │    顧客      │
    └─────────────┘
          ↕ SLA
    ┌─────────────────────┐
    │  IT サービス提供者     │
    └─────────────────────┘
サプライヤ
      ↕ UC      ↕ UC       ↕ OLA
   ┌────────┐ ┌────────┐ ┌────────┐
   │外部    │ │外部    │ │内部    │
   │サプライヤ│ │サプライヤ│ │サプライヤ│
   └────────┘ └────────┘ └────────┘
                  ↕ 契約（上記外部サプライヤと
                       下記再委託先との間の契約）
             ┌────────┐
             │外部サプライヤ│
             │（再委託先）  │
             └────────┘
```

- 情報セキュリティ対策状況の確認
- 定期的な報告とレビューミーティングの開催
- 上記対応の手順の整備と文書化

サプライヤを戦略的なパートナとして位置づけ、定期的にミーティングなどを設けることを検討する。場合によっては、相互の人材交流（出向受入れ）なども有効な手段になる。

認証取得のポイント

ISO 20000 では、各供給者ごとに、供給者（サプライヤ）管理プロセス上の役割を担う担当者を置くことが求められている。また、再委託先についても管理対象となることに留意する。

(4) サービスレベル管理(SLM)に係る文書化

SLMについては、次のような文書を整備する。なお、文書の種類や構成などは既存の文書体系に合わせて策定してもよい。

(a) サービスレベル管理要領

SLA締結手順、レビューミーティングの開催、顧客満足度調査の実施などを定めた文書。サービスレベルマネージャの役割なども記載する。SLA雛形の定期的な改善についても定める。

(b) サプライヤ管理要領

UCおよびOLA締結手順、レビューミーティングの開催、外部委託先の管理手順、各種チェックリストの使用方法などを定めた文書。各サプライヤの管理者およびその役割なども記載する。

(c) 基本契約書、個別契約書、SLA、UCなどの雛形

各種雛形は定期的に見直し、契約上のリスクを回避する。

(d) サービス報告書雛形

社内・社外向けのサービスの品質やパフォーマンスなどを報告する際の様式。必要項目を列挙しておくことで、報告内容を極力均質化する。

(e) 顧客満足度調査票

サービス分類に応じていくつかのパターンを設定してもよい。記入要領なども準備しておくほうがよい。

（f） 各種議事録の書式

顧客、サプライヤ、および社内でのミーティングの内容を記録する議事録の書式。

次のような文書が社内に既に存在する場合は、必要に応じて関連性をもたせ、適宜改訂するなどして整備する必要がある。

（g） 稟議規程

顧客からの受注、サプライヤへの発注を決裁する権限ないしは稟議回付先などを取り決めた規程。

（h） 外部委託管理規程

外部委託（アウトソーシング）の際の基本的な指針（基準）や、外部委託先を管理・監督することを定めた規程。新規取引開始時の選択基準、定期的な報告の要求、立入り検査などを含める。

（i） 契約管理規程

契約締結時の手続や契約書の保管・廃棄などを定めた規程。契約に盛り込むべき内容や原則雛形を使用すること、法務部門の役割（事前チェック、原本保管など）を定めることも多い。

第9章 ユーザ対応および問題解決プロセスの確立

　本章では、サービスデスクを中心としたインシデントの管理、およびインシデントの根本原因を究明・解決する問題管理について解説していく。これらの機能や管理プロセスは、顧客満足度に大きな影響を与えるユーザ対応やサービス改善の基礎となるものである。

9.1　サービスデスクの機能と役割

　サービスデスクは、ユーザとの直接的な接点となることから、サービスデスクでの対応が、顧客満足度を大きく左右することになる。ここではサービスデスクに求められる機能や役割などについて解説する。

(1) サービスデスクとは

　ITサービスの提供においては、ヘルプデスク、コールセンター、サポートセンターと呼ばれる、電話やメールなどでのユーザからの質問や苦情に対応する組織が不可欠である。ITILでは、これらの組織を総称して「サービスデスク」と呼んでいる。

　サービスデスクでは、ユーザが困ったときに問合せを受け付けるだけの受動的なサポートだけでなく、サービス停止などの各種のユーザへのお知らせや有用情報の提供などの能動的なサポートを行う。

　ITサービスの内容や提供環境によって、ユーザサポートが、「一次サ

第9章 ユーザ対応および問題解決プロセスの確立

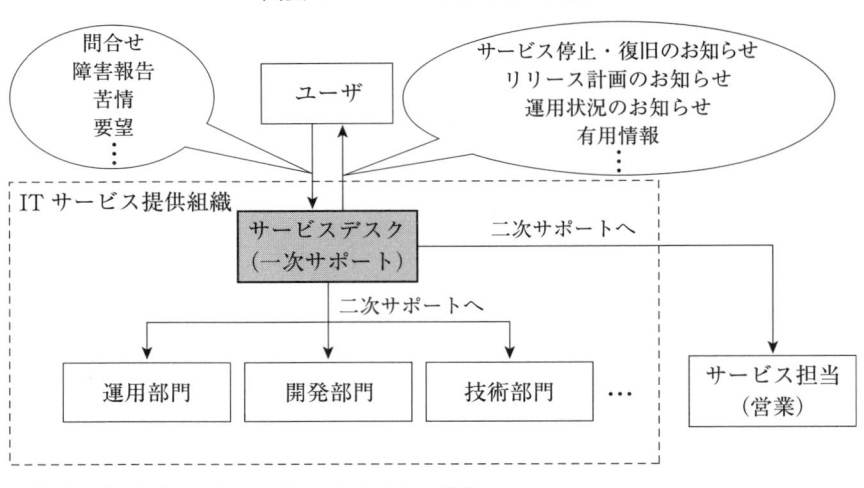

図表9.1 サービスデスクの概要

```
┌問合せ┐         ┌ユーザ┐       ┌サービス停止・復旧のお知らせ┐
│障害報告│                        │リリース計画のお知らせ      │
│苦情  │                          │運用状況のお知らせ          │
│要望  │                          │有用情報                    │
└    ┘                            └                          ┘
```

（ITサービス提供組織内）
サービスデスク（一次サポート） → 二次サポートへ
↓ 二次サポートへ
運用部門　開発部門　技術部門　…　サービス担当（営業）

出所）ITIL『サービスサポート』をもとに作成

ポート」と「二次サポート」に分かれている場合もある。その場合、一次サポートでは、あらかじめ用意されたマニュアルに従って対応できるものだけを処理する。マニュアルだけで対応できないものは、二次サポートに回し、二次サポートで、専門的・技術的な対応を行うことになる。**図表9.1**にサービスデスクの概要を示す。

(2) サービスデスクの設置形態

　サービスデスク機能が明確になっていない組織では、ユーザによって、問合せ先や問合せ方法が異なるなどの状況が見られる。このような組織では、問合せ内容や対応内容が記録として残らない、一部の担当者に負荷が偏るなどさまざまな弊害が生じている。適切なユーザサポート基盤を確立するためには、ユーザから見て問合せ先を単一化するとともに、情報の一元管理を図るのが望ましい。

　ITILでは、**図表9.2**のように、サービスデスクの置き方として、「ロ

9.1 サービスデスクの機能と役割

図表9.2 サービスデスクの形態

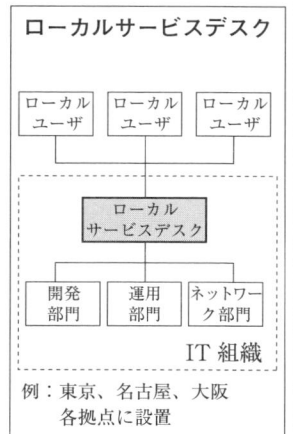

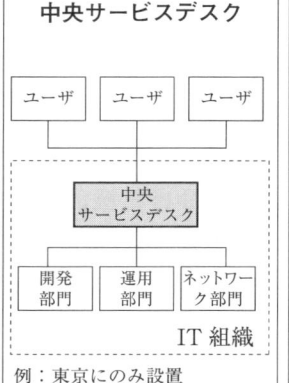

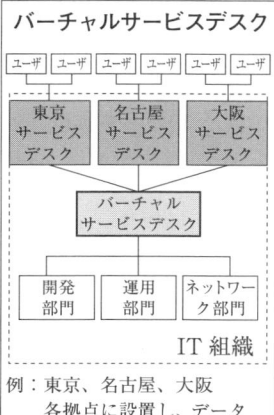

ローカルサービスデスク	中央サービスデスク	バーチャルサービスデスク
ローカルユーザがローカルサービスデスクに接続し、その下にIT組織（開発部門、運用部門、ネットワーク部門）がある	ユーザが中央サービスデスクに接続し、その下にIT組織（開発部門、運用部門、ネットワーク部門）がある	ユーザが東京・名古屋・大阪サービスデスクに接続し、それらがバーチャルサービスデスクに統合され、その下にIT組織（開発部門、運用部門、ネットワーク部門）がある
例：東京、名古屋、大阪各拠点に設置	例：東京にのみ設置	例：東京、名古屋、大阪各拠点に設置し、データを1カ所に集約

出所）ITIL『サービスサポート』をもとに作成

ーカルサービスデスク」、「中央サービスデスク」、「バーチャルサービスデスク」の3つの形態を示している。ITサービスの内容や提供環境に応じて、最適なサービスデスクの形態を選択すればよい。

認証取得のポイント

ISO 20000では、ITILに示されているような単一窓口としての「サービスデスク」を設置することを要求していない。しかし、組織の状況が許せば、適切なユーザサポート基盤を構築するために、単一窓口としてのサービスデスクを置くべきである。

なお、単一窓口を設置するかどうかにかかわらず、報告を受けたインシデント（サービス要求を含む）はその進捗状況を継続的に通知すること、インシデントの対応について合意したサービスレベルが満たされない状況となった場合は速やかに報告することが要求されている。

(3) サービスデスク支援ツールの導入

大規模な組織を対象としたITサービスの提供において、効率的なサービスデスク機能を実現するためには、サービスデスク支援ツールの導入が欠かせない。現在では、一般的なヘルプデスク支援ツールに加え、問合せの電話を自動的に振り分ける機能（Automatic Call Distribution：ACD）や自動音声応答機能（Interactive Voice Response：IVR）、オペレータの作業時間や稼動実績を記録する機能などを装備したコールセンター支援ツールも数多く販売されている。

支援ツールの導入にあたっては、ITサービスの内容や提供環境を考慮するとともに、サービスデスク機能における目標を明確にしたうえで、選択する。最初に、支援ツールありきで導入した場合には、重要な機能が不十分であったり、必要のない機能が多く付加されている可能性が高いからである。

9.2 解決プロセスとしてのインシデント管理と問題管理

インシデント管理と問題管理は、相互に密接に関係しているプロセスである。ISO 20000では、両者を合わせて「解決プロセス」と呼んでいる。ここでは、「インシデント」と「問題」の関係や相違、および両者における必要な体制や文書類について述べる。

(1) インシデントと問題

インシデントとは、サービス提供中に発生する標準的な運用ではないイベント（事象）である。インシデントには、ハードウェア障害やソフトウェア障害（アプリケーションのバグなど）、セキュリティ事故、サービスに対する苦情や操作方法の質問などが含まれる。パスワードを忘れた

際に、既存のパスワードのリセットを依頼するようなサービス要求もインシデントの一種である。**図表9.3**にインシデントの種類とその例を示す。また、問題とは、インシデントの未知の根本原因のことである。なお、根本原因が判明した問題を「既知のエラー」と呼ぶ。例えば、「印刷ができない」といったインシデントに対して、「印刷ができない原因」が問題にあたる。原因が「新しいプリンタに変更されたにもかかわらず、ユーザがそのプリンタをパソコンに登録していなかった」ということがわかった場合、それは既知のエラーとなる。

図表9.3　インシデントの種類と具体例

種類	具体例
ハードウェア障害	ディスクの破損
	パソコンの破壊
ソフトウェア障害	ジョブの異常終了
	イベントログやシステムログにOS、アプリケーションのエラー・警告・（インフォメーション）メッセージの発生
ネットワーク障害	ネットワークの異常トラフィック
	ルーティングテーブルなどの設定異常
閾値超過のアラート	CPUとメモリの使用率の閾値超え
	ファイル・システムの容量の閾値超え
ユーザからの問合せや報告	操作ができない（画面が表示されない、次の画面へ進めない、タイムアウトされた、ログインできない）
	操作方法がわからない
文書の不備	構成情報と現物との差異がある
	マニュアルの記載事項に誤りがある
サービス要求	プリンタトナーの交換
	パスワードのリセット要求

出所）　ITIL『サービスサポート』をもとに作成

第9章 ユーザ対応および問題解決プロセスの確立

> **認証取得のポイント**
>
> ISO 20000 と ISO 27001 では、「インシデント」の用語の定義が異なる。両方の認証を取得する場合には、社内文書の策定時などにおいて注意が必要である。
>
> ISO 20000-1 の「インシデント」(2.7)
> サービスの中断若しくはサービス品質の低下を引き起こすもの、又は引き起こす可能性があるもの。
>
> ISO 27001 の「情報セキュリティインシデント」(3.6)
> 望まない単独若しくは一連の情報セキュリティ事象、又は予期しない、単独若しくは一連の情報セキュリティ事象であって、事業運営を危うくする確率及び情報セキュリティを脅かす確率が高いもの。

(2) インシデント管理と問題管理の体制

インシデント管理や問題管理は、サービスデスク、運用部門、開発部門など複数の組織が連携して対応する。そのため、各担当の役割と責任を明確にしておくことが重要である。インシデント管理と問題管理における役割には以下のようなものがある。

(a) インシデントマネージャ

インシデント管理の責任者(プロセスマネージャ)である。インシデントの対応にかかわる管理とともに、インシデント管理のための体制、プロセス、インフラ整備の責任を負う。インシデント管理のプロセス全体が有効に機能しているか否かを監視し、必要な改善を指示しなければならない。サービスデスクなど関係するスタッフを統括する。

(b) サービスデスク(一次サポートスタッフ)

インシデントを受け付け、記録する。あらかじめマニュアルなどで対応方法が明確にされたインシデントについては、問題が解決するまでの一連の手続を担う。また、完了までのユーザへの状況報告などもサービスデスクの役割である。解決できないインシデントについては、二次サポートに割り当てる。

(c) サポートスタッフ(二次サポートスタッフ)

サービスデスクでは対応しきれないインシデントについて調査・診断を行い、解決・復旧を行う。必要に応じて、問題管理を担う組織に対して「問題」を割り当てる。

(d) 問題マネージャ

問題管理の責任者(プロセスマネージャ)である。問題の対応にかかわる管理とともに、問題管理のための体制、プロセス、インフラ整備の責任を負う。問題管理のプロセス全体が有効に機能しているか否かを監視し、必要な改善を指示しなければならない。

問題管理に関係するスタッフを統括する。

(e) 問題サポートスタッフ(リアクティブな問題管理への対応)

問題を調査し、根本原因を究明する。問題を解決するために、必要な変更要求(Request For Change：RFC)を発行する。また、未解決の問題や既知のエラーに関連するインシデントに対しての回避策について、インシデント管理の担当者を支援する。

(f) 問題サポートスタッフ(プロアクティブな問題管理への対応)

発生したインシデントの傾向分析や外部からの情報収集を行う。イン

シデントの発生を未然に防ぐために、必要なRFCを発行する。

（3） インシデント管理および問題管理で整備すべき文書類

インシデント管理および問題管理では、次のような文書類を整備する。なお、文書類の種類や構成などは既存の文書体系にもとづいて決定する必要がある。

（a） システム障害管理要領

インシデントの発生防止や発生したインシデントに関しての対応方法の改善などを行う会議体やその運営方法について記載した文書。インシデントや問題に対する分析などについても定める。

（b） 問合せ管理要領

サービスデスクに該当する組織あるいは問合せを受け付ける担当者の業務やその手順について記載した文書。上記「システム障害管理要領」におけるシステム障害に満たない軽微な問合せなどの手順などを記載する。「サービスデスク応対マニュアル」などと称して定める場合もある。

（c） システム障害対応マニュアル

個々のシステムにおける障害時の体制や役割、および対応手順などを具体的に記載した文書。

（d） システム障害報告書雛形

トラブル発生時の社内・社外向けの報告あるいはその対応に関する承認に用いる様式。必要項目を列挙しておくことで、報告内容を極力均質化する。

（4）インシデント管理と問題管理のデータベース

　効率的なユーザサポートを行うためには、インシデントや問題の情報を記録し、共有することが必要である。また、情報は適時にステータスが更新されるような仕組みでなければ、ユーザに対して最新の情報を伝達できない。そのためには、記録されたインシデントや問題の内容や状況を管理するデータベースが必要である。

　データベースは、ITサービスの内容や提供環境によっては表計算ソフトなどでもよいが、最低限、複数の関係者が同時にアクセスできたり、変更履歴管理ができるものが望ましい。データベースには、インシデントまたは問題1件に対して1レコード生成される。インシデント管理や問題管理のデータベースは相互に、また、構成管理データベースとも関連づけられていることが必要である。

　インシデントを管理するデータベースと問題を管理するデータベースは同じものでも、異なるものでもよい。なお、インシデント管理と問題管理で同じデータベースを利用する場合は、インシデント1件（1レコード）に対して必ずしも問題1件（1レコード）とならないことに注意する。**図表9.4**にインシデント管理のプロセスを中心にした各データベースの関係を示す。

認証取得のポイント

　ISO 20000では、インフラ整備を前提とした以下の要求事項が規定されている。

　「インシデント管理に携わるすべての要員が、関連情報（例えば、既知の誤り、問題解決、CMDB）に、アクセスできるようになっていなければならない」

　問題管理データベースあるいはCMDB（構成管理データベース）

第9章 ユーザ対応および問題解決プロセスの確立

図表9.4 インシデントおよび問題管理のデータベースを中心とした運用イメージ

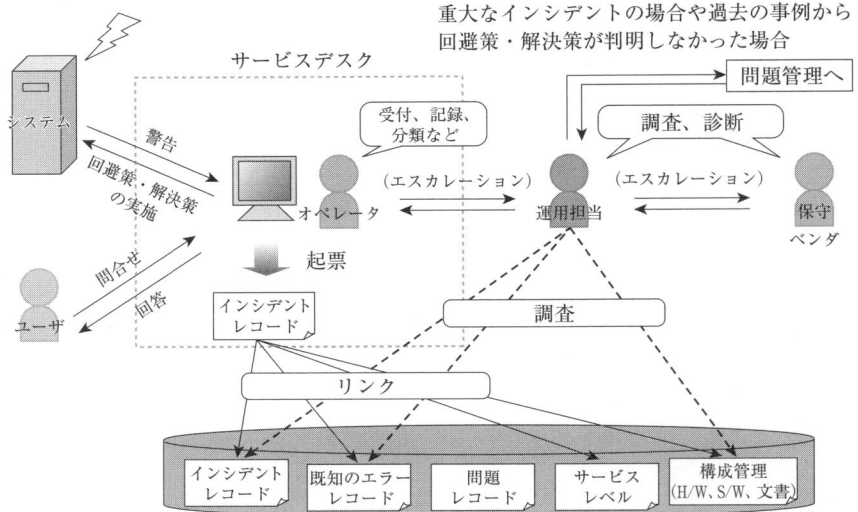

が構築されている状況下において、サービスデスクやサポートスタッフがその情報を共有できる環境を整備することが必要である。

9.3 インシデント管理のプロセス整備

インシデント管理の目的は、不具合の生じたサービスをできるだけ早く通常の状態に戻すことである。ここでは、その目的を達成するためのインシデント管理プロセスの概要と整備上のポイントを説明する。**図表9.5**にインシデント管理プロセスの概要を示す。

（1）インシデントの検知と記録

インシデントは、ユーザからの問合せや苦情、またはシステムやシステム運用管理ツールからの警告などによって検知される。検知されたイ

9.3 インシデント管理のプロセス整備

図表9.5　インシデント管理プロセスの概要

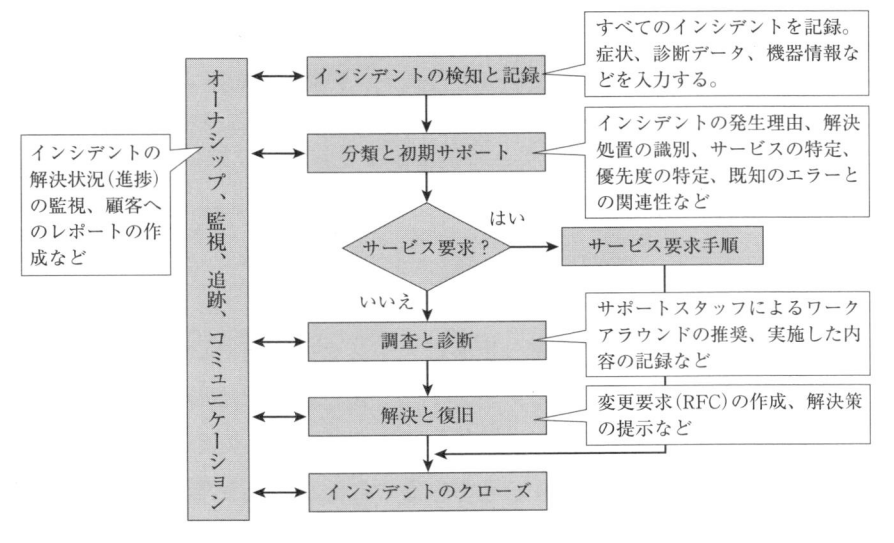

```
                        ┌─────────────────────────┐
                        │ すべてのインシデントを記録。│
          ┌─[インシデントの検知と記録]─│ 症状、診断データ、機器情報│
          │             │ などを入力する。         │
          │             └─────────────────────────┘
          │                    ┌─────────────────────────┐
オ        │                    │ インシデントの発生理由、解決│
│         ├─[分類と初期サポート]─│ 処置の識別、サービスの特定、│
ナ        │        │           │ 優先度の特定、既知のエラーと│
シ        │        │           │ の関連性など             │
ッ        │        ▼   はい    └─────────────────────────┘
プ        │    <サービス要求?>──→[サービス要求手順]
、        │        │
監        │        │ いいえ
視        │        ▼                ┌─────────────────────────┐
、        │                         │ サポートスタッフによるワーク│
追    ┌───├─[  調査と診断  ]────────│ アラウンドの推奨、実施した内│
跡    │   │                         │ 容の記録など              │
、    │   │                         └─────────────────────────┘
コ    │   │                         ┌─────────────────────────┐
ミ    │   ├─[  解決と復旧  ]────────│ 変更要求（RFC）の作成、解決策│
ュ    │   │                         │ の提示など               │
ニ    │   │
ケ    │   │
ー    │   ├─[インシデントのクローズ]
シ    │
ョ  インシデントの
ン  解決状況（進捗）
    の監視、顧客へ
    のレポートの作
    成など
```

出所）ITIL『サービスサポート』をもとに作成

ンシデントの情報は、サービスデスクにて記録する。

ここでは、サービスデスクがインシデントとして対処すべきものを区分できるようにするために、インシデントの定義を明確にしておく。ITILにおけるインシデントの定義はかなり広いが、実際のITサービスの提供においては、サービスデスクが対応すべきインシデントとそうでないインシデントがある。

対応すべきインシデントは、顧客との契約やSLAから導き出されるが、実際にサービスデスクの担当者が対処すべきインシデントか、そうでないかを見極めることができるように、より詳細な定義が必要である。

インシデントは、受け付けた際に記録するだけではなく、状況の変化に応じて、適時に内容が更新されるように、誰が、何を、いつ（どの時点で）、更新するのかを決めておく。

> **認証取得のポイント**
>
> ISO 20000では、すべてのインシデントを記録することが要求されている。"すべて"を記録するためにも、何がインシデントであるか明確に定義することが重要である。

（2） インシデントの分類と初期サポート

　インシデントを記録した後、サービスデスクの担当者は、最初にインシデントの分類を行う。インシデントの分類には、対応の優先度の分類と、その後の対応手順やエスカレーション先を決めるための分類がある。
　優先度は、インシデントを処理できないことによる影響度や業務上の緊急度を評価し、決定する。そのためには、影響度や緊急度を測るための基準を定めておくことが必要となる。サービスデスクでは、その基準に照らし合わせて優先度の判断ができるだけの材料を入手しなければならない。**図表9.6**にインシデントの記録内容と優先度の決定方法の例を示す。
　対応手順やエスカレーション先は、障害の内容や関係するサービスや対象資源によって決まる。特にサービスデスクだけで対応できない場合、どの担当者に対応を依頼するかを迅速に特定できるように、対応表などを用意しておく必要がある。
　エスカレーションには、①機能的エスカレーションと、②階層的エスカレーションがある。①は、サービスデスクから開発や運用を担当する組織やサプライヤなどの外部の専門組織に依頼するためのものである。②は、インシデントの状況が深刻であり、上位組織や経営層などの判断を仰がなければ対処できないような場合である。どのようなインシデントかだけではなく、インシデントによりどのような状況が発生している

図表9.6 インシデントの記録内容と優先度の決定例

インシデントの記録内容
- 固有の識別番号
- インシデントの分類
  （関連サービス、SLA など）
- 記録日時
- 記録者
- 報告者
- 連絡方法
- インシデント概要
- カテゴリ（メインカテゴリとサブカテゴリ）
- インパクト・緊急度・優先度
- ステータス
  （実行中、待機中、クローズなど）
- 関連する構成情報
- 対応者／対応グループ
- 関連する問題／既知のエラー
- クローズ時のカテゴリ
- クローズ日時

種類	メインカテゴリ	サブカテゴリ
障害	ソフトウェア	●業務アプリ ●パッケージソフト
	ハードウェア	●メインフレーム ●PC
	その他	
サービス要求		●パスワードのリセット ●トナーの交換

緊急度 ＼ インパクト	高	中	低
高	1	2	3
中	2	3	4
低	3	4	5

（優先度）

出所）ITIL『サービスサポート』をもとに作成

かによっても、エスカレーション先は異なってくる。

インシデントの分類後、優先順位に応じて対応を行う。インシデントの種類、カテゴリ、および構成情報などをもとにデータベースと照合し、インシデントが既知のエラーや問題として登録されていないかを確認する。

インシデントをデータベースと照合した結果、解決方法や一時的な回避策が登録されていれば、その内容を回答し、クローズされる。対応策が不明な場合は、二次サポートにエスカレーションする。

インシデント管理ツールのなかには、運用ツールと連携し、関連するサービス、対応担当者、発生日時、優先順位などが自動的に登録されるものもある。ITサービスの規模などによって導入の必要性を検討するとよい。

(3) 調査と診断

　二次サポートでは、インシデントの詳細情報をもとに対応方法を検討する。ここでは、生じているインシデントを回避することを優先すべきである。例えば、ネットワークがつながらなくなった場合、その根本原因を明らかにするよりも、バックアップ用の回線に切り替えてサービスを継続させることが先決である。

　調査と診断は、場合によっては長い時間を要することがある。そのため、対応の進捗状況をユーザに逐次連絡することが必要である。また、ユーザ自身がインシデントの対応状況をWeb上で確認できるような方法を採用することも考えられる。

(4) 解決と復旧

　問題の解決や回避策の実施において、ITサービスに何らかの変更が必要な場合は、変更管理プロセスを担う部署に変更要求を行う。インシデント管理の担当者は、変更の実施後、インシデントが解決もしくは回避され、サービスが復旧したことを確認して、インシデントのクローズ処理を行う。クローズ処理とは、インシデントが解決または回避されたことを記録し、ユーザに報告する処理である。

9.4　問題管理のプロセス整備

　インシデント発生の根本原因を究明し、インシデントの再発を防止するプロセスが問題管理である。問題管理は、問題コントロールとエラーコントロールの2つのサブプロセスから構成される。**図表9.7**にその関係を示す。

図表 9.7　問題コントロールとエラーコントロール

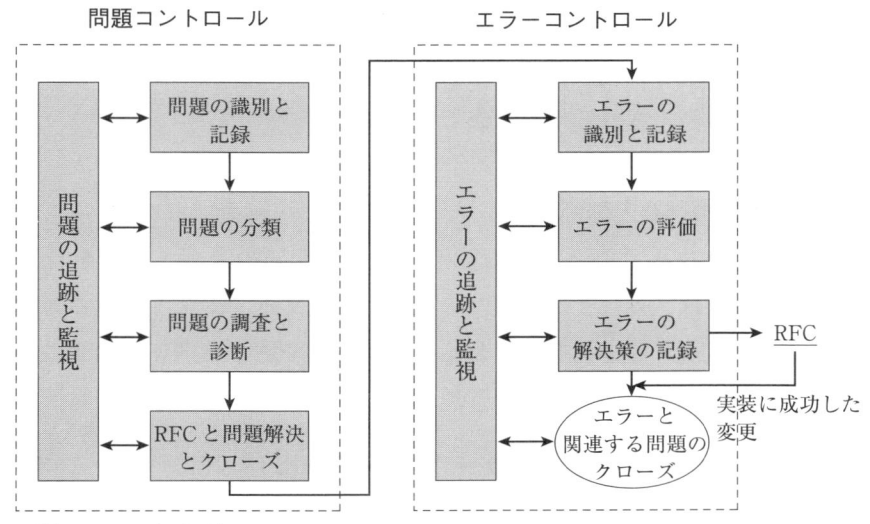

注）　RFC：変更要求
出所）　ITIL『サービスサポート』をもとに作成

（1）問題コントロール

　問題コントロールでは、問題を識別し、根本原因を究明する。根本原因が判明したら、それは既知のエラーとして、エラーコントロールに引き渡される。

（a）　問題の識別と記録

　問題管理にエスカレーションされたインシデントや、インシデントの記録の傾向分析などを行うことによって発見された問題を識別し、問題管理データベースに記録する。

（b）　問題の分類

　問題の識別後、当該の問題に関係するサービスや資源、および影響度

や緊急度などを分類する。問題の分類により、問題解決の担当者を振り分けることが可能になる。なお、対応の優先度に関しては、インシデント管理で回避策が実施されている場合には、影響度は高くても緊急度は低く、対応の優先度も低くなるかもしれない。

(c) 問題の調査と診断

問題の分類により割り当てられた担当者が問題の調査・診断を行う。場合によっては、外部サプライヤの支援を要請する。調査・診断で判明した結果を担当者間で共有しておくことが重要である。調査・診断にかかる時間を減らすことも、問題管理の重要な役割である。

(2) 問題管理の概要(エラーコントロール)

エラーコントロールでは、「既知のエラー」となった問題の解決策を実施、処理を完了させる。

(a) エラーの識別と記録

根本原因が判明した問題は、「既知のエラー」として識別され、記録される。代表的なエラーとしては、ハードウェアの故障やソフトウェアのバグなどがある。

(b) エラー評価と解決策の記録

識別されたエラーは、関係する担当者によって調査・評価し、恒久的な解決策や回避策を見つける。見つかった解決策は、対象となるハードウェアなどの資源やインシデントの発生条件とともに記録する。既知のエラーとその解決策は、インシデント管理の初期サポート時に参照されるため、できるだけわかりやすく記録することが必要である。

(c) 変更要求と問題・エラーのクローズ

特定されたエラーに対して、解決策を実施するためには、ハードウェアの交換やプログラムの修正といった変更を行う必要がある。これらの変更も、変更管理プロセスを通じて行う必要があるため、変更要求（RFC）を発行する。

なお、RFCが提出され、実際に処理が完了するまでには一定の時間を要する。そのため、進捗状況を監視し、関係者に状況を報告するとともに、変更処理が迅速に行われるように指示することも必要である。

変更が実施され、関連するインシデントや問題・エラーが解決されたら、問題・エラーをクローズする。

> **認証取得のポイント**
>
> ISO 20000では、既知の誤り（エラー）および是正された問題に関する最新情報がインシデント管理によって利用可能となっていることを確実にしなければならないとしている。したがって、サービスデスクの回答手順や記録の更新手順のなかに、それらの情報を参照しながら実行することを明記しておくことがよいだろう。
>
> また、問題マネージャの役割・責任として、既知の誤りや問題についての最新情報を提供する仕組みを構築することを明記すべきである。

(3) プロアクティブな問題管理

プロアクティブな問題管理とは、インシデントの発生を未然に防ぐための活動である。インシデントと問題の傾向を分析することで、潜在的な問題を発見し対応することが可能となる。例えば、類似のソフトウェアにていくつかのインシデントが発生している場合、まだインシデント

の発生していないソフトウェアでも、同様のインシデントが発生する可能性があることがわかる。

このように、いくつかの事象からある傾向を導き出し、事前に回避するのがプロアクティブな問題管理である。また、外部でのインシデントの発生状況やベンダからの各種情報を収集することによっても、プロアクティブな問題管理を行うことができる。

これと異なり、インシデントの発生によって問題の解決を行う場合を、リアクティブな問題管理という。

第10章 構成情報の更新プロセスと管理基盤の整備

ITサービスの提供で中核となるのが情報システムの運用管理である。ISO 20000やITILでは、構成管理、変更管理、リリース管理の各管理プロセスが該当する。本章では、各管理プロセスの概要や関係、およびプロセス整備のポイントについて説明する。

10.1 各管理プロセスの関係と構成管理データベース

構成管理、変更管理、リリース管理の3つのプロセスは、情報システムの運用管理の中核をなす。それぞれの管理プロセスは、構成管理データベース(Configuration Management Database：CMDB)を中心にして、密接に関係している。

(1) CMDBによる資産と情報の管理

ITサービスを提供するために必要となるさまざまな構成品目(Configuration Item：CI)を統合的に管理することを構成管理という。代表的な構成品目としては、パソコン、サーバ、ネットワーク機器などのハードウェア、OSなどのシステムプログラムや業務プログラムなどのソフトウェアがある。また、構成図や運用手順書、SLAなども構成品目に含まれる。構成品目の情報を保持し、管理するのが構成管理データベース(CMDB)と呼ばれるものである。CMDBは、実際にデータベ

ースソフトウェアの場合もあれば、パソコンの表計算ソフトであったりもする。

　CMDBは、ITサービスの構成要素やその関係についての情報を格納しているので、構成管理だけでなく、変更管理やリリース管理など、他の管理プロセスから更新・参照される。例えば、インシデント管理では、インシデントを記録する際、構成品目である機器やソフトウェアの設置場所や所有者を特定したり、該当する問題や既知のエラーがあるかどうかを確認するためにCMDBを参照する。

　以上のように、CMDBはITサービスを提供するうえで非常に重要な役割をもつので、構成品目の情報を適切に更新し、万が一、誤った情報の登録が行われた際には、速やかに是正していく仕組みを確立する必要がある。

（2）変更管理とリリース管理の関係

　ユーザに重大な影響を与えるインシデントの多くは、「変更」に起因して発生する。「変更」とは、本番環境で稼動する情報システムに対して、ハードウェアやソフトウェアなどの構成品目や、その組合せを変更することをいう。「変更」を行う理由としては、障害対応、パフォーマンスや操作性の改善、ソフトウェアのバージョンアップなどがある。

　「変更」にともなうインシデントの多くは、変更前の入念な分析や検討、テスト、本番環境へのリリース前の確認などによって未然に防ぐことができる。ITサービスマネジメントでは、「変更管理」と「リリース管理」がこれらを行う。

　図表10.1に示すように、リリース管理は、変更管理の一部にあたる。
　なお、構成管理、変更管理、リリース管理は、相互に関係が深いので、各管理プロセスの整備も同時に計画し、導入したほうがよい。

10.1 各管理プロセスの関係と構成管理データベース

図表 10.1　変更管理とリリース管理の関係

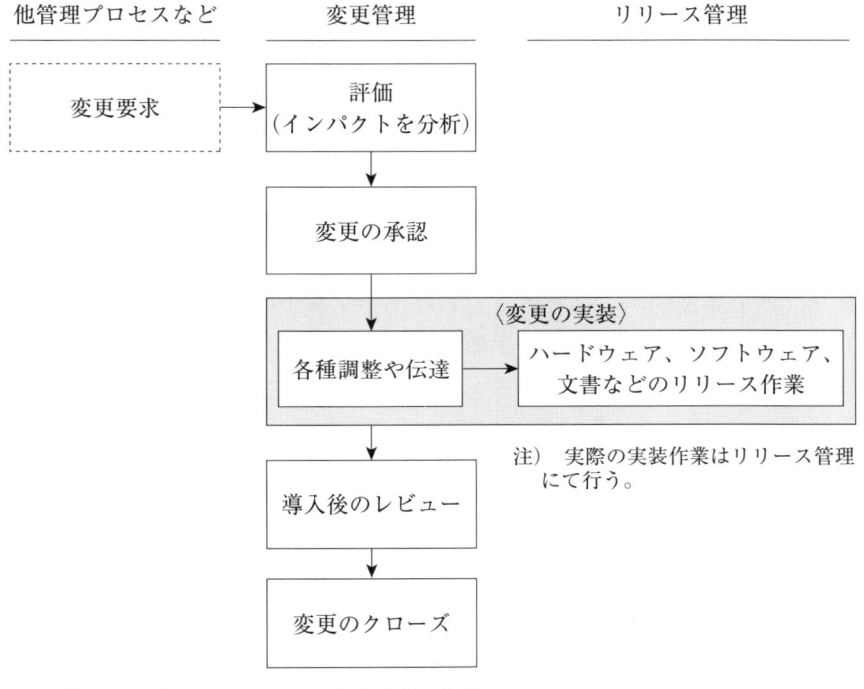

他管理プロセスなど	変更管理	リリース管理

```
┌──────────┐      ┌──────────────┐
│ 変更要求  │ ───▶ │    評価       │
└──────────┘      │(インパクトを分析)│
                  └──────┬───────┘
                         ▼
                  ┌──────────────┐
                  │  変更の承認   │
                  └──────┬───────┘
                         ▼
                  ┌─────────────────────────────────────┐
                  │             〈変更の実装〉            │
                  │ ┌──────────┐    ┌──────────────────┐│
                  │ │各種調整や│───▶│ハードウェア、ソフト││
                  │ │  伝達    │    │ウェア、文書などの ││
                  │ └──────────┘    │  リリース作業      ││
                  └─────────────────└──────────────────┘┘
                         │      注) 実際の実装作業はリリース管理
                         ▼           にて行う。
                  ┌──────────────┐
                  │ 導入後のレビュー│
                  └──────┬───────┘
                         ▼
                  ┌──────────────┐
                  │ 変更のクローズ │
                  └──────────────┘
```

出所）ITIL『サービスサポート』をもとに作成

(3) 構成管理、変更管理、リリース管理で整備すべき文書類

構成管理、変更管理、およびリリース管理に関係する文書として、以下のような文書を整備する。なお、文書の種類や構成などは既存の文書体系などを考慮して決定する必要がある。

(a) 構成管理要領

CMDBの管理として実施する内容や記録すべき情報の定義、CMDBの検証や棚卸し(欠陥の記録や是正などを含む)手順などを規定した文書。

その他、CMDBの項目を説明した「CMDB定義書」や、「構成品目

（CI）命名規則」、「ラベル貼付手順書」などを文書化することが望ましい。

（b） 変更・リリース管理要領

変更管理プロセス全体を規定した文書。RFCの記載内容や、フィルタリング、優先度付け、標準変更や緊急変更などの分類などを判断する基準や手順などを記載する。「RFC申請ルール」や「変更諮問委員会運営手順」などを別途策定する場合もある。また、リリースについては、リリース形態や頻度、リリースの判断基準や基本的なルール、配付やインストールに関する具体的な手順などを記載する。

（c） RFC申請書（RFC）

ITサービスの変更を申請するための文書。ITサービスの種類によっては複数の様式を作成する場合もある。

（d） 変更計画書（FSC）

実行を認可されたRFCの詳細と実装予定日が記載された計画書。

（e） 予定停止計画（PSA）

上記FSCにより発生するSLAの可用性にかかわる変更を記載した計画書。

（f） 切り戻し計画

変更が失敗した際にサービスを回復するために必要な手順を記載した計画書。

（g） リリース計画（投入計画）

リリースにあたっての準備やその役割分担、配付およびインストール

前後の詳細なタイムテーブルを記載した文書。

次のような文書が社内に既に存在する場合は、必要に応じて関連性をもたせ、適宜改訂するなどして整備する必要がある。

（h） IT資産管理規程

会計上の資産計上を行うものだけではなく、ITサービスに関連する資産の管理を幅広く規定した文書。構成管理、変更管理、リリース管理の基本概念を含む文書。

10.2 構成管理の概要とプロセス整備

ここでは構成管理の概要とプロセス整備の手順とポイントを説明する。なお、管理プロセスは、CMDBを中心に密接に関係しているので、プロセスの整備は、各プロセスの関連性や役割分担などを考慮しつつ、並行して進めるのがよい。

（1） 構成管理プロセスの概要

構成管理の目的は、CMDBの完全性を確保するとともに、安定したITサービスの提供のために適切な情報を各管理プロセスに提供することである。CMDBの完全性とは、構成品目や各構成品目の関係情報の網羅性、正確性、最新性を保つということである。

（a） 構成品目の新規登録

CMDBへの構成品目の新規登録は、ハードウェアやソフトウェアの購入時などに実施する。構成管理の担当者は、新規導入が決定した構成品目について、管理すべき項目すべての情報を収集し、CMDBに登録

する。なお、大規模なシステムのリリース時には、大量の構成品目の新規登録が必要となるため、スプレッドシートなどからCMDBに自動的に登録できる仕組みを用意しておくとよい。

この時点では、登録された構成品目は、「準備中」や「構築中」というステータスで管理される。その後、本番環境へのリリースにともない、ステータスは「稼動中」に更新される。**図表10.2**にCMDBに登録する情報の例を示す。

(b) 構成品目の更新

構成管理では正確かつ最新の情報を維持するために、各種変更により実態とCMDBの内容に差異が生じないように、正規の変更手順に沿って更新処理を実施する必要がある。なお、CMDBの更新は、内部牽制上、変更実施者が行うのではなく、構成管理の担当者が行う。そのためには、変更管理から構成管理に変更内容を連絡する手続を明確にするとともに、それらが適時に行われるようにしなければならない。

また、CMDBは、承認されていない変更を防止するために、限られた者のみが更新できるようにアクセス管理を厳重に行うべきである。

(c) 構成品目の廃棄

構成品目が不要となり、物理的に廃棄された場合には、該当する構成品目のステータスを変更する。構成品目が物理的に廃棄された場合でも、当該構成品目をCMDBから削除するのは適切でない。構成品目が物理的に削除された場合でも、その情報は必要になるからである。例えば、インシデント管理で、過去のインシデントの情報を検索する場合に、そのインシデントがどの構成品目で発生したかという情報が必要になる。

ただし、CMDBの最適化のために、廃棄後、一定期間経過した構成品目で、他のプロセスとの関係において必要ないと判断される場合には、

10.2 構成管理の概要とプロセス整備

図表 10.2　CMDBにおいて管理する情報の例

ハードウェア	ソフトウェア	ドキュメント（文書）
● 機器名称（ホスト名） ● カテゴリ（ハードウェア、ソフトウェア、文書） ● タイプ（サーバ、ワークステーション、ラップトップ、ルータ、ハブ） ● モデル（ABC-Server DEF-Blade…） ● 製造番号（シリアル番号） ● IPアドレス ● MACアドレス ● 設置場所 ● 管理者 ● 更新日 ● 更新者 ● ステータス（準備中、稼動中、修理中、廃棄済み） ● 環境（開発、テスト、本番） ● 関連する構成品目（親、子） ● 購入年月日 ● 購入先 ● 保守先 ● 保守期限 ● サービス名 ● インシデント番号 ● 問題番号 ● RFC番号 ● 資産番号（外部資産の識別を含む）	● ソフトウェア名 ● カテゴリ（ハードウェア、ソフトウェア、文書） ● タイプ（OS/ミドルウェア、パッケージソフト、自社開発アプリ） ● バージョン ● 更新日 ● ライセンス番号 ● 管理者 ● 更新者 ● 保管場所（媒体保管場所） ● ステータス（登録済み、受入れ済み、インストール済み、回収済み、廃棄済み） ● 関連する構成品目（親、子） ● 購入年月日 ● 購入先 ● 保守先 ● 保守レベル ● 保守期限 ● サービス名 ● インシデント番号 ● 問題番号 ● RFC番号 ● 資産番号	● 文書名 ● カテゴリ（ハードウェア、ソフトウェア、文書） ● 作成年月日 ● 改訂年月日 ● バージョン ● 文書区分（内部文書、外部文書） ● 記載内容 ● 保管場所 ● ステータス（ドラフト、リリース、廃棄） ● 作成者 ● 管理者 ● 更新者 ● 関連する構成品目（親、子） ● サービス名 ● インシデント番号 ● 問題番号 ● RFC番号 ● 文書管理番号

出所）　ITIL『サービスサポート』をもとに作成

実際にCMDBから削除することも必要である。

認証取得のポイント

ISO 20000では、CMDBに対するアクセス管理を厳重に行うこ

とが要求されている。また、情報セキュリティ管理の一環としてCMDBを重要な情報資産として特定し、リスクアセスメントを実施する。その結果をもとに、CMDBの完全性確保のための手続の整備や安全管理策の適用を行う。なお、CMDBはサービス継続のために適切なバックアップを実施し、速やかに復旧できるように手順などを整備しておく必要がある。

(d) 構成ステータスのレポート

構成ステータスとは、CMDBで管理される構成品目についての現在のバージョンや変更履歴などである。特定の時点における構成ステータスのことを構成品目のベースラインという。構成品目のベースラインがわかれば、構成品目の変更やその記録の追跡が可能になる。

(e) 定期的なCMDB検証と監査

手順に沿ってCMDBの登録や更新を行っていても、入力の誤りなどによって、CMDBの内容と実態が異なってくることがある。また、障害時などの緊急対応のためにCMDBの更新を事後的に行うはずが、そのまま更新されないということもある。

したがって、CMDBの内容と実態の差異を定期的に確認し、是正することが必要である。しかし、CMDBに登録されている構成品目すべてを確認するのはかなりの労力が必要になる。そのため、検証のための中期計画を立てて複数年で検証を実施したり、サンプリングで検証を実施するのが現実的である。

構成ステータスのレポートは、一定間隔で取得するだけではなく、変更が行われる際に取得しておくことが重要なのは、前述のとおりである。過去のレポートと最新版のレポートとの差分について、その間に実施されたRFCとの内容を突合することにより、RFCを起票していない変更

がないかを検出することもできる(**図表10.3**)。

　検証の結果、問題が発見された場合には適切に記録し、速やかに是正処置を施さなければならない。また、問題の発見から是正処置までの手順や必要な報告体制についても事前に定めておく必要がある。

(f)　ソフトウェアライセンス管理

　組織内におけるソフトウェアライセンスの購入から廃棄までの管理も構成管理の重要な役割である。ソフトウェアのマスタおよびコピー、当該ソフトウェアに関する文書類、保証や保守に関する契約書類などの情報が、CMDBに記録されている必要がある。ソフトウェアライセンス管理の担当者は、ライセンス数と有効期限を定期的に確認し、利用数が

図表10.3　ステータスレポートとRFCの比較による検証

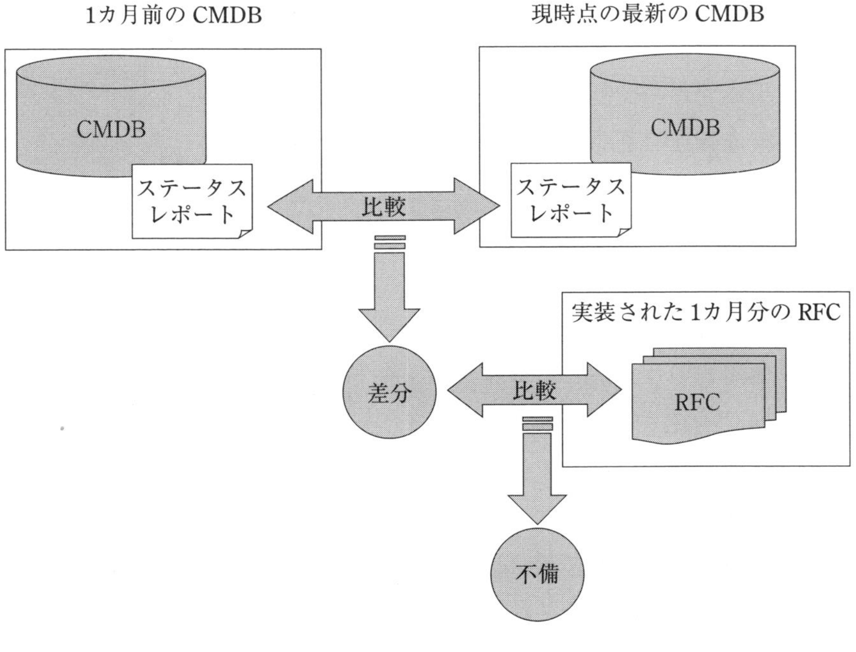

ライセンス数を超過しそうな場合には、利用部門の責任者などと協議しなければならない。

　提供するITサービスのソフトウェアライセンスを、顧客やユーザに遵守してもらうことと同様に、ITサービス提供のために保有しているさまざまなソフトウェアなどのライセンスも管理しなければならない。

（2）構成管理の導入計画の立案

　構成管理の目的は、IT資産およびその構成を効果的かつ効率的に管理することである。そのためには、構成管理だけでなく、変更管理とリリース管理と併せて導入計画を検討する必要がある。「構成管理導入計画」には、次のような内容を記載する。

- 構成管理の目的
- 構成管理の適用範囲
- 構成管理の達成目標
- 構成管理の基本方針、プロセス概要
- 構成管理の役割と責任
- 構成管理の手順
    - コントロール
    - ステータスの説明
    - 検証と棚卸し
- 構成管理の基本ルール
- 構成管理システムの設計
    - CMDBの構成・構造
    - 他の管理プロセスを支援するシステムとのインタフェース
    - 必要な文書の概要
- 構成管理構築のスケジュール、リソース計画、必要な予算

　構成管理の導入計画やプロセスの整備にあたっては、以下のような点

を検討する。

（a） 適用範囲の定義

構成管理の適用範囲は、対象とするITサービス、すなわちITサービスマネジメント構築の対象範囲となる。したがって、ITサービスマネジメント構築の対象が決定した時点で構成管理の適用範囲をある程度確定し、その後、ITサービスの内容が明確になった時点で、詳細な適用範囲を定義する。

（b） CMDBのデータベース構造の設計

CMDBは、ただ構成品目を羅列するのではなく、効率的な管理が実施できるデータベース構造にする必要がある。**図表10.4および図表10.5**にCMDBのデータベース構造の例を示す。

この例では、サービスを頂点として、関連する構成品目を関連づけている。実際には、**図表10.5**のような論理構造になっているので、あるサーバ（子CI）に障害が起きた際にどのサービス（親CI）に影響が出るのかを把握することが可能である。逆に、サーバ（親CI）の構成変更を行った際に、併せて更新する必要のあるマニュアル（子CI）を特定することができる。このように、障害発生時や変更実施時に即座に必要な情報を得られるようなデータベース構造を検討する。

また、可能であれば、各管理プロセスの記録と関連づけて管理することが望ましい。例えば、構成管理の情報とインシデントや問題の記録情報、RFCなどの情報を関連づけておくとそれぞれの管理が容易になる。

（c） 構成品目（CI）命名規則の策定

CIの命名規則を検討する。命名規則は、個々のCIがどのようなものかを識別できるようなものにする。また、将来の拡張性を十分認識しつ

第10章 構成情報の更新プロセスと管理基盤の整備

図表 10.4　CMDB のデータベース構造の例 1

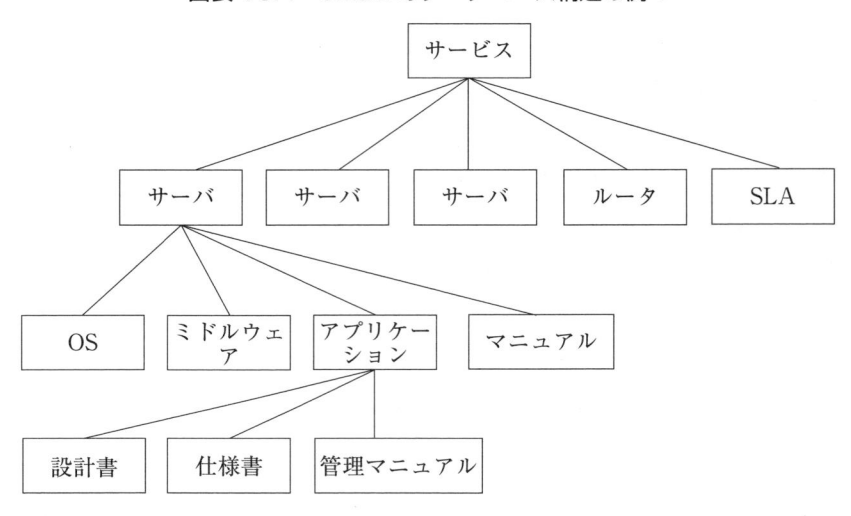

```
                        サービス
        ┌──────┬───────┼───────┬────────┐
      サーバ   サーバ  サーバ   ルータ   SLA
   ┌────┼────┬────┐
   OS ミドル アプリ マニュアル
       ウェア ケー
            ション
      ┌─────┼─────┐
    設計書  仕様書  管理マニュアル
```

図表 10.5　CMDB のデータベース構造の例 2

注）CI：構成品目

CI No.	1
親 CI	—
子 CI	2

CI No.	2
親 CI	1
子 CI	3, 4, 5

CI No.	3
親 CI	2
子 CI	—

CI No.	4
親 CI	2
子 CI	—

CI No.	5
親 CI	2
子 CI	—

つも、識別子はできるだけ短くする。CIの名前は、データベース上だけでなく、物理的なCIのラベル名としても利用されるからである。また、命名規則が遵守されるための方法も検討する。

(d) 構成管理手順の策定

各手順の策定にあたっては、作業負荷、作業品質の担保、内部牽制などを考慮し、作業者を割り当て、その責任を明確にすることが必要である。

構成管理プロセスとして実装すべき手順の種類を次に示す。

- CMDBへのCI新規登録手順
- CMDBへのCI更新およびステータス変更手順
- CMDBへのCI削除およびCIの物理的廃棄手順
- CMDBのバックアップおよび復旧手順
- CMDBのベースライン(スナップショット)取得手順
- CMDBへのアクセス記録保管およびレビュー手順
- CMDBのステータスレポート作成手順
- CMDBの検証および棚卸し手順(欠陥の記録、是正処置、報告手順を含む)
- ライセンス管理手順
- 確定版ソフトウェア保管庫の管理手順
- 構成管理プロセスの定期的な見直し手順

> **認証取得のポイント**
>
> ISO 20000では、構成管理とサービスの予算業務および会計業務プロセスとのインタフェースを定義することを要求している。精度の高い構成品目(CI)のリストを提供し、サービスの予算業務

およひ会計業務プロセスでの維持費用、ライセンス料金、保守契約、残存耐用年数、リプレース費用などの算出を可能にする。サービスの予算業務および会計業務の担当者にこのような情報を提供する手順も明確にしておくべきである。

(e) 構成管理支援ツールの検討

CMDBとしてパソコンの表計算ソフトやデータベースソフトを利用している組織も少なくない。しかし、大規模な情報システム環境で、このような方法をとると、情報共有や更新などの手続において不整合が生じる可能性がある。したがって、構成管理を本格的に導入する際は、構成管理の支援ツールの利用を検討する。他のプロセスとの連携が可能な支援ツールを利用すれば、短期間で構成管理を実現することが期待できる。

構成管理の支援ツールは、インシデント、問題、既知のエラー、変更などに関するすべての情報を保持し、関連づけられるものが望ましい。

また、構成情報を自動収集する支援ツールもある。自動収集ツールで収集したデータにその他の必要な項目(担当者名、保守連絡時間など)を入力することで、構成品目の登録作業の負荷軽減や検証作業の自動化が可能となる。

(f) 新プロセスへの移行

新たに構成管理のためのデータベース(CMDB)を導入する場合は、構成情報の移行が発生する。このような場合、一時的にCMDBの追加や更新などを凍結するなどの措置も必要である。また、CMDBの構築と並行して、確定版ソフトウェア保管庫(DSL)へのデータの投入も必要となる。

支援ツールの導入においては、CMDBの不整合が発生する可能性が

あるため、導入手順(プロセス)を明確にし、関係者に周知しておくべきである。

10.3 変更管理の概要とプロセス整備

ここでは、変更要求(Request For Change：RFC)を中心に変更管理の概要とプロセス整備にあたっての導入計画の立案と整備上のポイントを説明する。

(1) 変更要求(RFC)

ITサービスに関する「変更」とは、原則として本番環境で稼動する情報システムに対しての変更である。変更管理プロセスは、RFCをトリガーとして実施される。次にRFCの記載内容の例を示す。

- RFCの番号
- 変更される構成情報の識別および説明
- 変更の理由
- 変更しない場合の影響
- 変更される構成情報のバージョン
- 変更を提案する人、場所、連絡先
- 変更が提案された日付
- 変更の優先度
- 影響およびリソースの評価
- 許可署名
- 許可日および時刻
- 実装スケジュール(リリース識別、日付および時刻)
- リリース・実装計画の場所
- 変更の構築者・実装者の詳細

第10章 構成情報の更新プロセスと管理基盤の整備

- 切り戻し計画
- 実際の実装日および時刻
- レビュー日
- レビュー結果
- リスクの評価と管理
- 事業継続計画や緊急時対応計画へのインパクト
- RFCのステータス（記録済、評価済、却下、受入済、保留）

どのようなRFCによって、変更管理プロセスやリリース管理プロセスが実施されるかを、あらかじめ定義しておく必要がある。以下にRFCの発行元ごとにRFCの例を説明する。

(a) 顧客からのRFC

顧客の要望にもとづくサービス内容の変更や改善などによるもの。サービスレベル管理プロセスを経由して提出される。

(b) 問題管理プロセス経由のRFC

インシデント発生の根本原因が究明され、解決策を実装（改善）するためにRFCが提出される。また、プロアクティブな問題管理として、顕在化していないインシデントについての予防措置のためにもRFCが提出される。

(c) インシデント管理プロセスを通じたRFC

インシデントの根本原因が不明な場合でも、回避策として必要な対応を行うために、RFCが提出される。なお、既に対応方法が明確に定まっているパスワードのリセット要求などの「サービス要求」については、RFCの対象としないのが一般的である。

(d) キャパシティ管理プロセス経由のRFC

キャパシティの拡張・縮小など、キャパシティ計画にもとづく必要な対応をRFCとして提案する。

(e) 可用性管理プロセス経由のRFC

可用性を改善するために行う変更をRFCとして提出する。

(f) サプライヤからのRFC

サプライヤが提供するサービスや製品の仕様変更や機能変更などにともない、関連する管理プロセスを通じてRFCが提出される。具体的には、サプライヤ管理を担うマネージャ、サプライヤの仕様変更・機能変更にともない直接影響を受ける管理プロセスのマネージャなどがRFCを提出する。

(2) 変更管理のプロセス概要

変更管理では、RFCを受け付けた後、その内容を評価し、実装可否の判断や変更後のサービス稼動後の評価までを行う。**図表10.6**に変更管理プロセスの概要フロー図を示す。

変更管理プロセスの主な活動内容を以下に示す。

(a) 変更の登録とフィルタリング

変更管理として受け付けたRFCはすべて記録する。RFCの記録をとった後、定められた手順を踏んでいないRFC、記載内容に不備のあるRFC、非現実的なRFCなどは、フィルタリングされ、RFCの提出元に返却される。

第10章 構成情報の更新プロセスと管理基盤の整備

図表10.6 変更管理プロセスの概要

[変更管理者] RFCの提出：記録 → [変更管理者] RFCのフィルタリング（却下）→ [変更管理者] 優先度づけ → 緊急？
- はい → 緊急変更
- いいえ → 標準？
  - はい → 標準変更 → [変更管理者] 変更の承認と計画（CABへは報告のみ実施）→ インパクトとリソース予測、変更への合意や優先度、計画の確認
  - いいえ → 深刻？
    - 軽微 → [変更管理者] 変更の承認と計画（CABへは報告のみ実施）
    - いいえ → [変更管理者] CABメンバーにRFCの配付 → [変更管理者] CABミーティングの招集 → [CAB] インパクトとリソース予測、変更への合意や優先度、計画の確認
    - 重大 → [変更管理者] 上級マネジメントなどに承認された変更をCABに展開

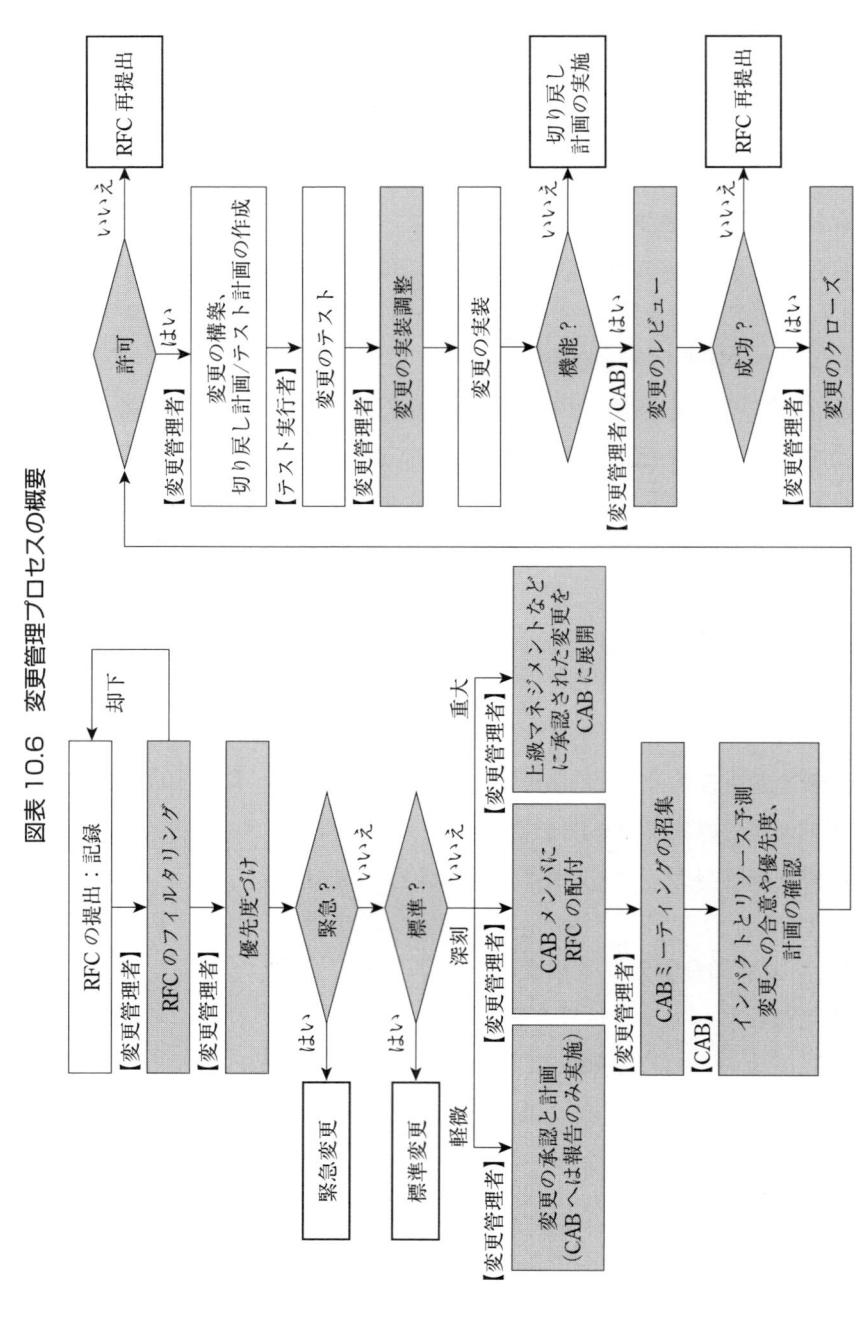

→ 許可？
- いいえ → RFC再提出
- はい → [変更管理者] 変更の構築、切り戻し計画/テスト計画の作成 → [テスト実行者] 変更のテスト → [変更管理者] 変更の実装調整 → 変更の実装 → 機能？（[変更管理者/CAB]）
  - いいえ → 切り戻し計画の実施
  - はい → 変更のレビュー → 成功？（[変更管理者]）
    - いいえ → RFC再提出
    - はい → 変更のクローズ

出所）ITIL「サービスサポート」をもとに作成

168

（b） RFCに対する優先度の割当てと分類

RFCに対して、RFCの緊急度や影響度を評価し、優先度を割り当てる。

優先度は、例えば、「緊急」、「高」、「中」、「低」といった分類で行う。なお、「緊急」に優先度づけされたRFCは、通常と異なる手順で実施できるようにする。

> **認証取得のポイント**
>
> ISO 20000では、緊急の変更の許可や実装を制御するための、方針や手順を備えていることを要求している。どういう場合を「緊急」とするのか、また、その場合はどのような手順で変更が許可されるのかなどを具体的に文書化する必要がある。また、その場合の承認権限を明記することを忘れてはならない。

また、サービスに与えるインパクトや変更のために必要とするリソースによってRFCを、「標準」、「軽微」、「深刻」、「重大」などに分類する。これらには、変更の承認・却下を決定するための情報として、変更のリスクや事業損益などを含める。優先度の割当てと分類の手順を**図表10.7**に示す。

（c） 変更の承認と実装

重大なインパクトのあるRFCは、変更諮問委員会（Change Advisory Board：CAB）で内容を審議する。通常CABは、変更管理に責任をもつ変更マネージャ、サービス全体の管理を行うサービスマネージャ、顧客（あるいはユーザ部門）の代表者などで構成される。緊急変更の場合、CABを構成するメンバ全員を招集できない可能性も高い。そのような場合に決定を下す権限を有する組織として、CAB緊急委員会（CAB

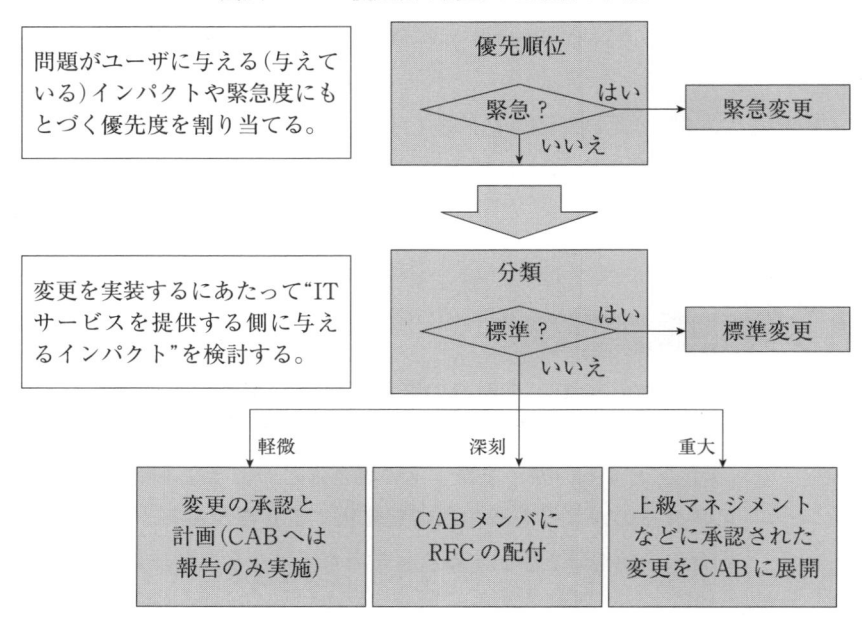

第10章 構成情報の更新プロセスと管理基盤の整備

図表10.7 優先度の割当てと分類の手順

問題がユーザに与える(与えている)インパクトや緊急度にもとづく優先度を割り当てる。	→	優先順位 緊急？ ── はい → 緊急変更 ↓いいえ
変更を実装するにあたって"ITサービスを提供する側に与えるインパクト"を検討する。	→	分類 標準？ ── はい → 標準変更 ↓いいえ

分岐（いいえ）の先：
- 軽微：変更の承認と計画（CABへは報告のみ実施）
- 深刻：CABメンバにRFCの配付
- 重大：上級マネジメントなどに承認された変更をCABに展開

出所）ITIL『サービスサポート』をもとに作成

Emergency Committee：CAB/EC)といった組織を設けておくとよい。

その他のRFCについても、あらかじめ定められた承認権限にもとづいた承認手続を設定しなければならない。承認にあたっては、**図表10.8**に示すような観点が必要となる。

承認されたRFCは、リリースのためのスケジューリングが行われる。その後の変更の構築、テスト、実装は、リリース管理や開発チームにおいて行われるが、もちろん、変更管理の担当者の関与が必要となる。

(d) 変更のレビュー

変更は、実装後、あらかじめ定められた期間内に、変更管理でレビューすることが必要である。主なレビューの観点としては、RFCが期待

10.3 変更管理の概要とプロセス整備

図表10.8　承認の３つの観点

区　　分	内　　容
財務上の影響に関する承認	変更のコストが評価されていること、かつ、これが承認された予算の範囲内であり、変更の承認のために定められた費用対効果の基準に見合っていること。
技術的対応可否に関する承認	変更が実現可能であり、顧客あるいはユーザへ提供されるサービスに悪影響を与えることなく実行できること。
顧客の業務要件への影響に関する承認	顧客の承認。顧客あるいはユーザの代表者(管理者)が、変更の内容や業務要件への影響に納得していること。

出所）　ITIL『サービスサポート』をもとに作成

どおり行われているかどうか、実装のためのリソースが計画どおりであったか、時間・費用は見積りどおりであったかといったものがある。

認証取得のポイント

ISO 20000では、変更管理において次の点に対応する必要がある。
- 実装の承認を得た変更は、変更内容の詳細および実装予定日を含んだ予定を関係者に伝達すること。
- 変更記録を定期的に分析し、頻繁に再発する変更の種類などから、考えられる問題などを導出すること。

(3) 変更管理の導入計画の立案

変更管理を導入するための計画立案は、リリース管理はもちろん、構成管理の導入計画も同時に着手するのが望ましい。仮に、管理プロセス単位に段階的な導入を試みる場合でも、最初にサービスサポート[1]の管

理プロセスについて全体感をある程度固めておくのがよい。

変更管理の導入にあたっては、以下のような内容を計画する。

(a)　適用範囲の定義

変更管理の適用範囲は、構成管理の適用範囲が確定した段階で、ある程度確定できる。なぜなら、CMDBを更新するものは原則すべて変更管理のプロセスを通過するものと考えればよいからである。

(b)　RFCの書式設計

変更管理プロセスでは、RFCの記載内容を見て、変更の承認あるいは却下を行う。したがって、RFCの記載項目は、変更管理プロセスでの分類や承認などを行うために必要な情報を網羅する必要がある。また、評価結果などを記載する欄も必要である。

(c)　変更諮問委員会(CAB)の設置

CABおよびCAB/ECを設置するために、構成メンバを決定する。構成メンバの候補者には、CABの位置づけや役割などを説明する。

また、メンバだけではなく、CABミーティングで検討する内容や運営方法などを事前に検討しておく必要がある。

認証取得のポイント

ISO 20000では、CABやCAB/ECなどの会議体についての直接的な記述はない。したがって、認証取得のために、CABやCAB/ECの会議体は必ずしも必要ないが、変更に関する承認の仕組みと

---

1)　サービスサポートとは、インシデント管理、問題管理、構成管理、変更管理、リリース管理をいう。

して、ITILを参考に同等の仕組みを構築するのが望ましい。

(d) 変更管理手順の策定

変更管理手順の策定にあたっては、作業負荷、作業品質の確保、内部牽制などを考慮し、また、作業者を割り当て、その責任を明確にする。変更管理プロセスでは、少なくとも次に示す手順を明確にする。

- RFCの受付記録およびフィルタリング手順
- 標準変更としてのRFC処理手順
- 緊急変更としてのRFC処理手順
- 優先度の判断基準および手順
- 組織へのインパクト判断基準および手順
- CAB開催および運営手順
- 変更の承認およびスケジューリング手順
- 変更の構築、テストおよび実装手順(リリース管理プロセスとして整備)
- 変更実装後のレビュー手順
- 変更管理プロセスの定期的な見直し手順

(e) 変更管理ツールの導入の検討

RFCの申請や受領・承認などを効率的に行えるワークフローシステムの導入を検討する。変更管理は、各変更の善し悪しを判断する役割を担っているため、承認権限の設定は極めて重要である。また、承認・却下されたRFCは、一定期間保管が必要である。ツールの導入に合わせて、承認などのログ(記録)の保管方法や保存期間も検討する。

(f) 新プロセスへの移行

プロセスのワークフロー化や関連文書の電子化を行う場合には、新し

いプロセスの切り替えタイミングや初期段階における問合せ受付体制などを検討しておかなければならない。また、変更管理に関連する支援ツールの導入・移行にあたっては、ツールのテストを事前に実施する必要がある。

また、変更管理を担当する組織やRFCを提出する側の組織のスタッフなどに対して、適切なトレーニングを実施する必要がある。トレーニングに加えて、ツールの利用マニュアルやFAQの作成なども検討する。

10.4　リリース管理の概要とプロセス整備

リリースとは、購入や開発したソフトウェアを本番環境に導入する場合など、既存のITサービスの構成に変更を与えることを指す。リリースの対象としては、外部からの機器やサービスの調達なども含まれる。

(1) リリース管理プロセスの概要

リリース管理は、変更管理プロセスのなかの一部を担い、本番稼動環境に対するリリース計画立案からテストおよび配付・インストールまでを実施する。リリース管理の目的は、変更を実装する際に正式な手順に従って評価を行い、本番稼動環境の品質を保証することである。**図表10.9**にリリース管理プロセスの概要を示す。

(a) リリース計画の立案

リリース計画では、リリース内容およびスケジュールの調整を行う。また、計画には、関係者間の役割、関係者との確認、稼動中の資産(ハードウェア、ソフトウェアなど)の現地確認などを盛り込む。また、リリース計画には、概要レベルでのテスト計画や切り戻し計画、受入れ基準などを含むべきである。

10.4 リリース管理の概要とプロセス整備

図表10.9 リリース管理プロセスの概要

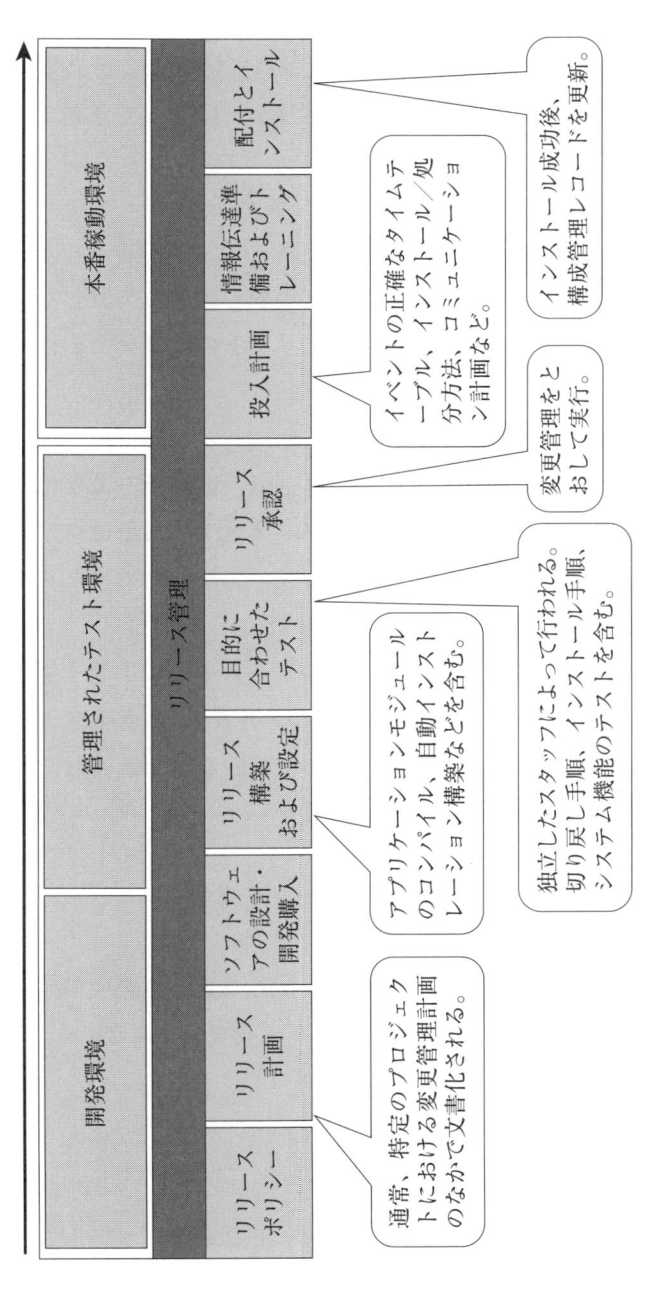

開発環境			管理されたテスト環境			本番稼動環境	
リリースポリシー	リリース計画	ソフトウェアの設計・開発購入	リリース構築および設定	目的に合わせたテスト	リリース承認	投入計画	情報伝達準備およびトレーニング	配付とインストール

（リリース管理）

- リリースポリシー：通常、特定のプロジェクトにおける変更管理計画のなかで文書化される。
- ソフトウェアの設計・開発購入：アプリケーションモジュールのコンパイル、自動インストレーション構築などを含む。
- 目的に合わせたテスト：独立したスタッフによって行われる。切り戻し手順、インストール手順、システム機能のテストを含む。
- リリース承認：変更管理をとおして実行。
- 投入計画：イベントの正確なタイムテーブル、インストール/処分方法、コミュニケーション計画など。
- 配付とインストール：インストール成功後、構成管理レコードを更新。

出所）ITIL『サービスサポート』をもとに作成

なお、リリースに関する基本的な考え方や遵守すべき最低限のルールとして、「リリースポリシー」が制定されていることが必要である。リリース計画は、原則としてリリースポリシーに従って立案されなければならない。

(b) リリースの設計・構築

開発チームによってリリースの導入手順や導入に失敗した場合の切り戻し手順、導入の自動化のためのスクリプトの準備などを行う。

(c) テストおよび受入れ

リリースに問題ないかどうかのテストは、開発チームとは独立したチームにより実行されなければならない。テストの対象は、リリースの対象となるソフトウェアだけでなく、導入の自動化ためのスクリプトや切り戻し手順なども含めてテストを実施する。

変更管理の責任者は、テスト済みのインストール手順や切り戻し手順、リリースされるコンポーネント（モジュールなど）、各テスト結果、関係者と合意済みの一部機能不全（既知のエラー）などを確認したうえで、リリースを正式に受け入れる。

> **認証取得のポイント**
>
> ISO 20000では、管理プロセス（体制、手順）の確立だけでなく、制御された「受入れ試験（テスト）環境」を確立することを要求している。

(d) 投入計画の立案

投入計画とは、本番稼動環境へのハードウェア、ソフトウェア、およ

び関連文書などの物理的な導入や配付のための計画をいう。投入計画では、テスト済みのインストール手順や切り戻し手順などの内容を踏まえ、リリースの詳細なタイムテーブルと各タスクの責任者を明確にする。また、投入計画は、リリース前後の関係者とのミーティングやユーザトレーニングのスケジュールなどを含む。

投入計画(リリース計画を含む)には、以下に示す内容を含むことが望ましい。

- リリースのためのリソース計画と役割分担
- 詳細なイベントのタイムテーブル(スケジュール)
- インストールおよび廃棄する構成品目のリスト(処分方法を含む)
- 拠点ごとの実行計画
- エンドユーザへの情報伝達方法
- 関係者とのコミュニケーション計画
- リリースにかかわる管理スタッフとのミーティングスケジュール

(e) 準備およびトレーニング

リリースの失敗やインシデントの発生に備え、顧客またはユーザ部門の代表者との接点となるサービスデスクやサービスマネージャ、および外部サプライヤの管理者などの関係者に対してリリース内容を伝達する。また、必要に応じて、その対応方法についてトレーニングを行う。

(f) 配付とインストール

リリース管理は、ソフトウェアやハードウェアの購入、保管、輸送、引渡しなどの流通プロセス全体を管理する。ソフトウェアについては、開発環境からテスト環境、テスト環境から本番稼動環境へ登録していく。なお、本番稼動環境への登録の最終的な承認は変更管理の責任となる。

インストールが正常に終了した場合は構成管理の担当者に伝え、

CMDBを更新する。

> **認証取得のポイント**
>
> ISO 20000では、リリースに関連して発生するRFCや既知の誤り（エラー）などについて、インシデント管理プロセスに伝えることを要求している。したがって、リリース管理では、リリースの成功および失敗について測定し、インシデントを把握しなければならない。
>
> リリース管理は、変更管理や構成管理だけではなく、インシデント管理とも密接に関係している。

（2） リリース管理の導入計画の立案

リリース管理の導入にあたっては、以下のような内容を計画する。

（a） 適用範囲の定義

リリース管理は、承認された変更について、リリース計画を立案し、対象となるハードウェアやソフトウェアなどを配付・インストールまでが対象となる。前述したように、リリース管理は、変更管理の一部なので、その適用範囲は、変更管理や構成管理の適用範囲と一緒に検討する。

リリースの対象には、ハードウェアやソフトウェアだけではなく、サービス時間やサポート内容の変更、関連文書の改訂なども含まれる。

（b） リリースポリシーの策定

リリース管理の役割や責任を明確にするために、ITサービス、システム、または組織単位にリリースポリシーを策定する。リリースポリシーでは、リリースのタイプや頻度、テスト環境や本番稼動環境に投入す

る際の権限、およびリリースにあたっての基本的なルールや注意点などを定める。リリースポリシーに記載する内容の例は次のとおりである。

- リリースのタイプと頻度
- リリースに管理に関する役割および責任
- リリースの受入れテストおよび本番稼動環境に投入する権限
- すべてのリリースについての、一意の識別および説明
- 変更をグループ化してリリース投入するためのアプローチ
- 再現性および効率性を高めるために、構築、インストール、リリースの配付プロセスを自動化するためのアプローチ
- リリースの検証および受入れ

(c) 確定版ソフトウェア保管庫の明確化

確定版ソフトウェア保管庫(Definitive Software Library：DSL)とは、すべてのソフトウェアの確定版(マスターおよびコピー)を保管・保護する場所(リポジトリ)である。ソフトウェアは、開発用、テスト用、本番稼動環境用に分けて保管され、常にCMDBの情報と同期がとられていなければならない。また、リリースの際には、DSLの更新と同時に、CMDBの情報も更新する。

一方、ハードウェアについても、確定版ハードウェア保管庫(Definitive Hardware Store：DHS)という予備機の保管場所を設け、ハードウェアに重大なインシデントが発生した際に、迅速に復旧できるようにしておく。

(d) リリース管理手順の策定

リリース管理手順の策定にあたっては、作業負荷、作業品質の確保、内部牽制などを考慮し、作業者を割り当て、その責任を明確にする。また、リリース管理プロセスでは、少なくとも以下に示す手順を明確にす

る。
- リリース計画立案手順
- ソフトウェア設計・開発手順
- 市販ソフトウェアの調達手順
- リリース設定手順
- コミュニケーション計画の策定手順
- リリースに関するトレーニング計画の策定手順
- 配付・インストール手順
- リリース後の評価(成功・失敗の要因分析)手順

(e) リリース管理支援ツールの検討

　リリース管理についても支援ツール導入を検討する。リリース管理を支援するツールの機能としては、リリースするソフトウェアの自動配信、CMDBの更新、インストール時のエラー検知などを行うものがある。構成管理および変更管理の支援ツール導入とともに検討する。

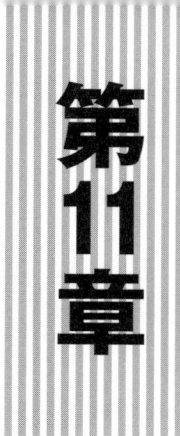

第11章 情報セキュリティにかかわるリスクとその管理

 これからITサービスマネジメントを構築する組織においては、既に何らかの情報セキュリティマネジメントシステム（Information Security Management System：ISMS）を構築・運用している場合が多い。また、ITサービス提供者においては、ISMSの国際標準規格であるISO 27001の認証を取得しているところが少なくない。本章では、ITサービスの提供において必要となる情報セキュリティ管理プロセスの整備について、各管理プロセスとISO 27001との関係を中心に説明する。

11.1 情報セキュリティ管理プロセス整備の2つのアプローチ

 ITサービスマネジメント構築における情報セキュリティ管理プロセスの整備においては、**図表11.1**に示すように自社の情報セキュリティ目標の達成と、SLAなどによって顧客と取り決めた情報セキュリティレベルの達成という2つの側面を考慮しなければならない。
 以下に、この2つのアプローチについて、それぞれ説明する。

（1）自社の情報セキュリティ目標にもとづくアプローチ

 情報セキュリティ管理プロセスの整備は、まず、ITサービスの提供者自らが、提供するITサービスのリスクや情報セキュリティ戦略にも

第11章 情報セキュリティにかかわるリスクとその管理

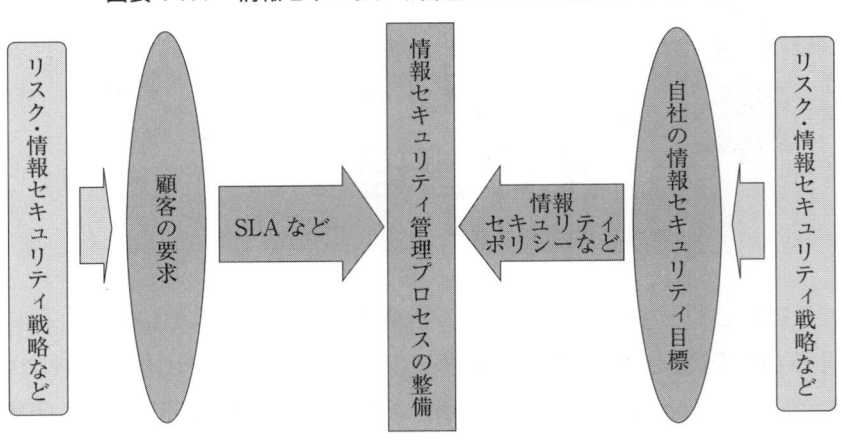

図表11.1 情報セキュリティ管理プロセス整備のアプローチ

```
リスク・情報セキュリティ戦略など  →  顧客の要求  → SLAなど →  情報セキュリティ管理プロセスの整備  ← 情報セキュリティポリシーなど ← 自社の情報セキュリティ目標 ← リスク・情報セキュリティ戦略など
```

とづいて行うべきである。

例えば、個人情報など重要な顧客情報を取り扱うITサービスであれば、情報漏洩のリスクや、関係する法令やガイドラインを意識した情報セキュリティ管理を行わなければならない。また、ITサービス事業者において、強固な情報セキュリティ管理を自社のITサービスの差別化戦略として考えているなら、競合他社よりも高度な情報セキュリティ管理を実施しなければならない。

リスクアセスメント(情報セキュリティのリスクアセスメントについては第3章を参照)の結果や情報セキュリティ戦略などによって決定された情報セキュリティレベルは、ITサービスを提供する組織としての情報セキュリティポリシーや規程として文書化しなければならない。また、これらを運用していくための組織体制やPDCAサイクルを構築していくことも必要である。

なお、ITサービスマネジメントと同じ対象範囲においてISMSが既に構築されている場合は、この管理プロセスをあらためて構築する必要はなくなる。しかし、上記に加えて、ITサービスマネジメントの各管理

11.1 情報セキュリティ管理プロセス整備の2つのアプローチ

プロセスの整備にあたっては、必要な情報セキュリティ管理策を組み込むことを忘れてはならない。

認証取得のポイント

ISO 20000では、情報セキュリティのリスクおよび管理策の運用・維持方法についての文書化を要求している。文書化にあたっては、ISO 27001の以下の要求事項に該当する取組みを参考にするのがよい。

4.3.1　一般

〈略〉

選択した管理策からリスクアセスメント及びリスク対応のプロセスまで、更にはISMS基本方針及び目的までにつながる関係を説明できることが重要である。

(2) 顧客要求事項にもとづくアプローチ

顧客とITサービスの提供者との間で合意されるサービスの内容やその品質は、SLAとして文書化される。そして、このサービスの内容や品質の一部として、必要な情報セキュリティ管理策やその手順が定められることになる。

しかし、一般的には、対象とするITサービスにおいて基本的な情報セキュリティ管理策や手順についてまでSLAに記載されることは少ない。ITサービスの提供側で既に実施している情報セキュリティ管理に対して、また、顧客側が特別に必要とする情報セキュリティ管理策や手順をSLAに記述する場合が多い。

したがって、自社の情報セキュリティ目標にもとづき整備した情報セキュリティ管理プロセスをベースにして、顧客要求にもとづく情報セキ

第11章 情報セキュリティにかかわるリスクとその管理

図表11.2　サービスレベル管理に関係するISO 27001の管理策

A.6　情報セキュリティのための組織	
A.6.2　外部組織 目的：外部組織によってアクセス、処理、通信、又は管理される組織の情報及び情報処理施設のセキュリティを維持するため。	
A.6.2.2 顧客対応における セキュリティ	管理策 顧客が組織の情報又は資産にアクセスする前に、明確にしたすべてのセキュリティ要求事項を満たすように対処しなければならない。
A.6.2.3 第三者の契約におけるセキュリティ	管理策 組織の情報若しくは情報処理施設が関係するアクセス・処理・通信・管理にかかわる第三者との契約、又は情報処理施設に製品・サービスを追加する第三者との契約は、関連するすべてのセキュリティ要求事項を取り上げなければならない。
A.10　通信及び運用管理	
A.10.2　第三者が提供するサービスの管理 目的：第三者の提供するサービスに関する合意に沿った、情報セキュリティ及びサービスの適切なレベルを実現し、維持するため。	
A.10.2.1 第三者が提供する サービス	管理策 第三者が提供するサービスに関する合意に含まれる、セキュリティ管理策、サービスの定義、及び提供サービスレベルが、第三者によって実施、運用、及び維持されることを確実にしなければならない。
A.10.2.2 第三者が提供するサービスの管理及びレビュー	管理策 第三者が提供するサービス、報告及び記録は、常に監視し、レビューしなければならない。また、監査も定期的に実施しなければならない。

ュリティの追加管理策や手順をプロセスに組み込んでいくことになる。もちろん、最初に情報セキュリティ管理プロセスの整備を行う際に、既に顧客からの要求が明確になっている場合は、並行して作業を進めることになる。

　図表11.2にサービスレベル管理(Service Level Management：SLM)

に関係するISO 27001の管理策を示す。情報セキュリティ管理のプロセスやSLMのプロセスを整備する際には参照するとよい。

SLAに記載された情報セキュリティ要件の遵守状況は、SLA全体のモニタリングのなかで確認されることになる。また、顧客は、ITサービス事業者を選定する際や、定期的なITサービス事業者に対するモニタリングにおいて、SLAとは別にITサービス事業者が実施している基本的な情報セキュリティ管理の状況について確認していくことになる。

認証取得のポイント

ISO 20000では、情報システムや情報サービスへのアクセス権をもつ外部組織が関与する取決めは、すべての必要なセキュリティ要求事項を定義した正式な合意にもとづくことを要求している。したがって、供給者に対して、顧客とのSLAを担保できる情報セキュリティ管理のレベルを要求することが必要となる。

11.2 ISMSとITサービスマネジメントの管理プロセスの関係

ここでは、SLM以外の管理プロセスの整備において、どのような情報セキュリティ管理のプロセスを組み込んでいく必要があるかについて説明する。

(1) 変更管理プロセスとの関係

ITサービスでは、顧客の要求や自主的な改善によって、ハードウェアやソフトウェアなどの変更が必要になる。ITサービスの変更時において、「変更」が実装される際に情報セキュリティ上問題が発生しないか、また、「変更」によって既存の情報セキュリティの管理策や手順に

影響を与える可能性がないかについて評価しなければならない。

具体的な評価方法としては、変更管理プロセスにおいて変更を承認する際に、情報セキュリティについての評価項目を組み込む。また、変更諮問委員会(Change Advisory Board：CAB)に情報セキュリティ管理

図表11.3　変更管理に関係するISO 27001の管理策

A.6　情報セキュリティのための組織	
A.6.1　内部組織 目的：組織内の情報セキュリティを管理するため。	
A.6.1.4 情報処理設備の認可プロセス	管理策 新しい情報処理設備に対する経営陣による認可プロセスを定め、実施しなければならない。
A.10　通信及び運用管理	
A.10.1　運用の手順及び責任 目的：情報処理設備の正確、かつ、セキュリティを保った運用を確実にするため。	
A.10.1.2 変更管理	管理策 情報処理設備及びシステムの変更は、管理しなければならない。
A.10.2　第三者が提供するサービスの管理 目的：第三者の提供するサービスに関する合意に沿った、情報セキュリティ及びサービスの適切なレベルを実現し、維持するため。	
A.10.2.3 第三者が提供するサービスの変更に対する管理	管理策 関連する業務システム及び業務プロセスの重要性、並びにリスクの再評価を考慮して、サービス提供者の変更(現行の情報セキュリティ方針、手順及び管理策の保守・改善を含む。)を管理しなければならない。
A.12　情報システムの取得、開発及び保守	
A.12.5　開発及びサポートプロセスにおけるセキュリティ 目的：業務用ソフトウェアシステムのソフトウェア及び情報のセキュリティを維持するため。	
A.12.5.1 変更管理手順	管理策 変更の実施は、正式な変更管理手順の使用によって、管理しなければならない。

の責任者や専門家を参加させ、情報セキュリティの観点から評価するといったことが考えられる。

図表11.3は、変更管理にかかわるISO 27001の管理策である。変更管理プロセスの整備を行う際には、ここに挙げる管理策を参照する。

認証取得のポイント

ISO 20000では、変更を実装する前に変更が(セキュリティ上の)管理策に与える影響のアセスメントを行うことを要求している。したがって、認証取得のためには、本書の第10章で説明した変更管理プロセスにおいて情報セキュリティ評価のプロセスを盛り込んでおくことが必要になる。

(2) インシデント管理および問題管理プロセスとの関係

セキュリティインシデント[1]は、インシデント管理における重要なインシデントのひとつである。しかし、セキュリティインシデントのプロセスについては、通常のインシデントと異なる手順を定める場合もある。なぜなら、個人情報の漏洩に代表されるセキュリティインシデントは、広報、法務などを含めた組織全体としての取組みが必要になってくるからである。したがって、インシデント管理では、数多くのインシデントのなかからセキュリティインシデントを明確に認識できるようにしておかなければならない。

一方、問題管理では、セキュリティインシデントの根本原因を突き止

---

1) 既存の情報セキュリティマネジメントシステムの活動において、「情報セキュリティ事象」と「情報セキュリティインシデント」をそれぞれ定義し、運用している場合が想定される。ここでは両者を総称し、「セキュリティインシデント」としている。

図表 11.4　インシデント管理と問題管理に関係する ISO 27001 の管理策

A.13　情報セキュリティインシデントの管理	
A.13.1　情報セキュリティの事象及び弱点の報告 目的：情報システムに関連する情報セキュリティの事象及び弱点を、時機を失しない是正処置をとることができるやり方で連絡することを確実にするため。	
A.13.1.1 情報セキュリティ事象の報告	管理策 情報セキュリティ事象は、適切な管理者への連絡経路を通して、できるだけ速やかに報告しなければならない。
A.13.2　情報セキュリティインシデントの管理及びその改善 目的：情報セキュリティインシデントの管理に、一貫性のある効果的な取組み方法を用いることを確実にするため。	
A.13.2.1 責任及び手順	管理策 情報セキュリティインシデントに対する迅速、効果的で整然とした対応を確実にするために、責任体制及び手順を確立しなければならない。
A.13.2.2 情報セキュリティインシデントからの学習	管理策 情報セキュリティインシデントの形態、規模及び費用を定量化し監視できるようにする仕組みを備えなければならない。

めたり、インシデント発生の前にシステムやサービス内容の構造上の脆弱性を発見することが必要になる。したがって、問題管理のプロセスにおいて、セキュリティの専門家を含めることが望ましい。

　図表11.4にインシデント管理および問題管理に関係する ISO 27001 の管理策を示す。インシデント管理や問題管理のプロセスを整備する際には、ここに挙げる管理策を参照すること。

認証取得のポイント

　ISO 20000 では、セキュリティインシデントをインシデント管

理手順に従って報告・記録すること、誤作動を含むインシデントの影響(インパクト)の定量化や改善実施までの仕組みが具備されていることを要求している。影響度の定量的な評価については、以下のようなものが考えられる。

- セキュリティインシデントにより影響を受けたユーザ数
- ITサービスや関係する業務の停止時間
- 停止による損失金額
- セキュリティインシデントを復旧するまでの時間
- 追加のセキュリティ対策に要する費用・期間・作業負荷

(3) その他の管理プロセスとの関係

情報セキュリティ管理は、サービスレベル管理(サプライヤ管理を含む)、変更管理、インシデント管理、および問題管理以外の管理プロセスにおいても、考慮が必要である。以下に上記以外の管理プロセスにおける情報セキュリティ管理との関係を説明する。なお、可用性管理およびITサービス継続性管理については、第12章において解説する。

(a) 構成管理

構成管理において関係するISO 27001の管理策には以下のものがある。

A.7.1.1 資産目録

すべての資産は、明確に識別しなければならない。また、重要な資産すべての目録を、作成し、維持しなければならない。

構成管理では、ITサービスに必要な構成品目(CI)を構成管理データベース(CMDB)によって保有している。したがって、各構成品目を適切に分類し、情報セキュリティの観点からのリスクアセスメントを実施する必要がある。

CMDBで管理される構成品目と特定の情報セキュリティ管理策や手順を関連づけることが望ましい。

(b) リリース管理

リリース管理では、新しいソフトウェアやハードウェアを本番稼動環境への導入を行う。したがって、リリース管理では、変更管理と合わせて、本番稼動環境への導入の前に、ハードウェアやソフトウェアなどに情報セキュリティ上の問題がないか、確認する必要がある。

リリース管理に関係するISO 27001の管理策は以下のとおりである。リリース管理のプロセスを整備する際には、この内容を考慮して行う。

> **A.10.3.2 システムの受入れ**
>
> 新しい情報システム、及びその改訂版・更新版の受入れ基準を確立しなければならない。また、開発中及びその受入れ前に適切なシステム試験を実施しなければならない。

(c) キャパシティ管理

ITサービスの提供においては、顧客と合意した情報セキュリティを含むSLAを保証することが最も重要である。このSLAを保証するためには、キャパシティ管理において、適正な資源の配分が重要となる。

キャパシティ管理のプロセスを整備する際には、以下のISO 27001の管理策を考慮する必要がある。

> **A.10.3.1 容量・能力の管理**
>
> 要求されたシステム性能を満たすことを確実にするために、資源の利用を監視・調整しなければならず、また、将来必要とする容量・能力を予測しなければならない。

第12章 高可用性と継続性の実現

今日、ITやITサービスは企業が事業を営むうえで欠くことのできないものになっている。したがって、ITサービスの停止やサービスレベルの極端な低下は、事業そのものの継続を危うくする。

本章では、事業の継続に大きな影響を与えるITサービスの可用性管理と、継続性管理について説明する。

12.1 可用性および継続性管理の考え方とその関係

可用性管理と継続性管理は一体として考える必要がある。ここでは、それぞれの管理プロセスの考え方や、相互の関係について説明する。

(1) 可用性管理の基本的な考え方

ITサービスの品質に大きな影響を与える可用性については、SLAのなかで取り決められる場合が多い。システム障害などによるITサービスの利用停止は、顧客に直接影響を与えるため、顧客の満足度を大きく左右する。

「可用性」には大きく2つの意味がある。広義の「可用性」とは、狭義の「可用性」に加えて、信頼性、保守性、サービス性を合わせたものである。

(a) 可用性

可用性とは、顧客とITサービスを提供する者との間で合意されたサービス提供時間内に対して、実際にサービスを提供できた割合を示すものである。SLAにおいては、サービス提供時間に対する非可用性の許容限度として示される。例えば「ITサービスの許容停止時間は、サービス提供時間の0.1％以内とする」などである。

(b) 信頼性

信頼性とは、合意されたサービス提供時間において、継続してサービスを提供し続けられることをいう。可用性がサービス提供時間に対する実際の提供時間の割合によって測られるのに対して、信頼性はサービスの継続的な提供に重点が置かれる。例えば「1年間の平均故障間隔を30日以上とする」などである。したがって、信頼性の向上のためには、サービス停止に至る障害などの事象の発生頻度を低減させることが必要である。

(c) 保守性

保守性とは、障害などが発生した場合に情報システムを速やかに復旧するためのITサービスの回復のしやすさや速さ、保守対応の迅速さなどを示すものである。障害発生からITサービスを回復するまでの時間などで示される場合が多い。

(d) サービス性

サービス性とは、外部サプライヤとの関係における可用性・信頼性・保守性を総称したものである。顧客に対するITサービスの可用性を確保するためには、外部のサプライヤにも同様の管理を求めなければならない。

12.1 可用性および継続性管理の考え方とその関係

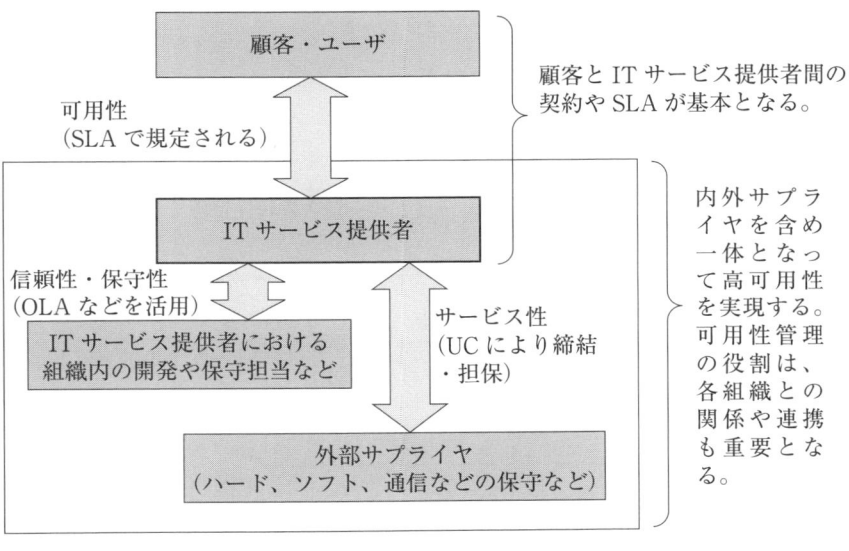

図表 12.1 可用性・信頼性・保守性・サービス性の関係

顧客・ユーザ ⇅ ITサービス提供者

可用性（SLAで規定される）

顧客とITサービス提供者間の契約やSLAが基本となる。

ITサービス提供者 ⇅ ITサービス提供者における組織内の開発や保守担当など

信頼性・保守性（OLAなどを活用）

ITサービス提供者 ⇅ 外部サプライヤ（ハード、ソフト、通信などの保守など）

サービス性（UCにより締結・担保）

内外サプライヤを含め一体となって高可用性を実現する。可用性管理の役割は、各組織との関係や連携も重要となる。

出所）『ITIL入門』（生産性出版）を参考にKPMGが作成

図表12.1に可用性、信頼性、保守性、およびサービス性の関係を示す。

可用性管理では、情報システムの技術的な専門知識、現在のITサービス提供に係る要員体制、顧客、外部サプライヤとの関係など、可用性に影響を与えるさまざまな領域を考慮しなければならない。

(2) ITサービス継続性管理と事業継続管理

ITサービス継続性管理の目的は、災害や重大なシステム障害によるITサービスの停止時において、顧客の事業や業務への影響をできるだけ少なくすることである。

一方、組織全体の事業の継続性の管理としては、事業継続管理（Business Continuity Management：BCM）がある。今日では、企業の業務プロセスの大部分がITに依存しており、事業や業務の継続はITサ

第12章 高可用性と継続性の実現

図表 12.2　事業継続管理(BCM)と IT サービス継続性管理(ITSCM)の関係

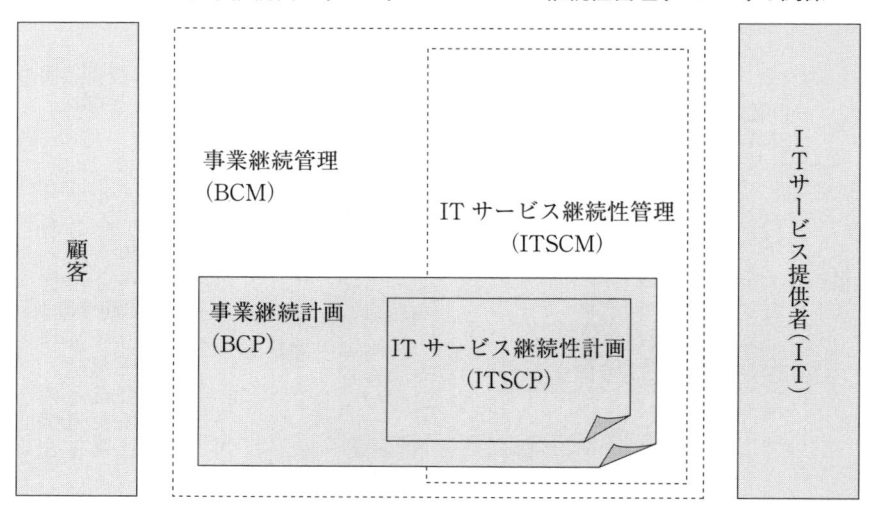

```
顧客 | [事業継続管理(BCM) / ITサービス継続性管理(ITSCM) / 事業継続計画(BCP) / ITサービス継続性計画(ITSCP)] | ITサービス提供者(IT)
```

ービスの継続が前提となりつつある。ITサービス継続性管理は、BCMの一部であり、ITサービスを対象とした管理である。**図表12.2**にBCMとITサービス継続性管理の関係を示す。

認証取得のポイント

　サービス継続および可用性の管理は、ISO 20000では、ひとつの管理プロセスとして扱われている。なお、組織体制については、組織やサービスの実態に即して各管理プロセスを担当する組織を一緒にするか、別々の組織とするかを決定すればよい。

(3) 可用性管理および継続性管理におけるリスクアセスメント

　可用性およびITサービス継続性管理のための計画や実装においては、リスクアセスメントを実施し、その結果を反映させることが重要である。

12.1 可用性および継続性管理の考え方とその関係

以下に、可用性管理とITサービス継続性管理にかかわるリスクアセスメント手法の例を示す。

(a) コンポーネント障害インパクト分析(CFIA)

重要なコンポーネントとサービスの関連性を示したマトリクスを作成しコンポーネントの障害がどのサービスに影響するかを分析する。また、各サービスが依存しているコンポーネントの障害発生可能性などを分析することにより、どのサービスで障害が発生しやすいかを特定できる。**図表12.3**にコンポーネント障害インパクト分析の分析イメージを示す。

図表 12.3　コンポーネント障害インパクト分析(CFIA)の分析イメージ

多くの×のあるサービスは、多くのCIで構成されるため複雑であり、障害に対して脆弱であると判断される。

構成品目(CI)	サービス A	サービス B
端末#1	×	
端末#2		
サーバ#1	×	A
サーバ#2	×	×
サーバ#3		A
ユーティリティ#1		
ユーティリティ#2	×	×
アプリケーション#1	×	×
アプリケーション#2	×	×

当該CIが故障した場合、多くの(複数)サービスに影響を与える。

注)　構成品目に障害が発生した場合、インパクトなし　　　：空白
　　　構成品目に障害が発生した場合、サービス停止　　　　：×
　　　構成品目に障害が発生した場合、代替手段で運用可　：A

出所)　ITIL『サービスデリバリ』をもとに作成

（b） 故障樹解析（FTA）

ITサービスの障害につながるイベントの連鎖を識別するための解析手法である。計算手法と組み合わせて可用性の詳細なモデルを提供する。**図表12.4**に故障樹解析（FTA）の分析イメージを示す。図中の（　）内の数字は、各イベントの発生確率の例示である。各入力イベントの発生確率によって結果イベントの発生確率が算出される。ORゲートを通り発生する結果イベントの発生確率は、各入力イベントの発生確率の和によって算出される。また、ANDゲートを通り発生する結果イベントの発生確率は、各入力イベントの発生確率の積によって算出される。

（c） サービス停止分析（SOA）

ITインフラやコンポーネントだけでなく、情報システムの保守・運用手順などのプロセスにも着目した分析手法である。仮説を設定し、さまざまなデータから問題点を検証していく。

図表 12.4　故障樹解析（FTA）の分析イメージ

〈故障樹例〉

```
                    サービスダウン
                         │
                    ◇──────── サービス時間外？
                    │
                システムダウン
                    │
                   (0.21)
         ┌──────────┼──────────┐         (0.01)
         ○          ○       ネットワークダウン
      コンピュータ  アプリケーション        │
       ダウン      ダウン                 △
       (0.1)      (0.1)              ┌───┴───┐
                                     ○       ○
                                   (0.1)    (0.1)
                                 通常系ダウン  バックアップ系ダウン
```

12.1 可用性および継続性管理の考え方とその関係

〈用語説明〉

図表 12.4　つづき

論理演算子		説　明
AND ゲート	⌒	入力イベントが同時に発生した場合にのみ、結果イベントが発生する。
OR ゲート	⌒	入力イベントが 1 つ以上発生した場合に、結果イベントが発生する。
排他的 OR ゲート (XOR)	⌒	入力イベント中のただ 1 つだけ発生した場合に、結果イベントが発生する。
抑止ゲート (INHIBIT)	⬡	入力条件が満たされない時のみ、結果イベントが発生する。

イベント	説　明
基本イベント	停電、オペミスなど、障害ツリーの終端点。故障樹例の「サービス・ダウン」がこれにあたる。
結果イベント	事象の論理演算の結果生じる故障樹の中間的事象。故障樹例の「システム・ダウン」、「ネットワーク・ダウン」がこれにあたる。
条件付きイベント	ある条件を満たした場合にのみ発生する事象。例えば、空調設備の障害は、設備温度が有効値を超えた場合に IT サービスに影響する。
トリガーイベント	他の事象の引き金となる事象。例えば、停電検出装置は、IT サービス自動停止の引き金になりうる。

出所)　ITIL『サービスデリバリ』をもとに作成

(d)　テクニカル・オブザベーション・ポスト(TOP)

自社の情報システムの保守・運用業務やITインフラなどの技術基盤に精通する有識者を招集し、特定の問題領域に対して集中的に検討を繰り返していく分析手法である。

(e)　CCTA リスク分析管理手法(CRAMM)

特定したコンポーネント単位に、脅威・脆弱性を識別し、リスクを洗

い出し、評価する。CRAMMについては、第Ⅰ部第4章を参照のこと。

(4) 可用性およびITサービス継続性管理で整備すべき文書類

可用性管理、およびITサービス継続性管理に関係する文書として以下のような文書を整備する。なお、文書の種類や構成などは既存の文書体系などを考慮して決定する必要がある。

(a) 可用性管理要領
可用性設計にかかわる基本方針や、可用性を監視・測定し、適切なレポートを行うための基本的な手順などを規定した文書。サービスレベル管理におけるSLAやUCの見直しについても規定する場合がある。

(b) ITサービス継続性管理要領
ITサービスの継続や自社の事業継続に関する戦略（基本方針）や、緊急時の行動指針、緊急時の組織体制などを定めた文書。定期的な影響度分析の手順やITサービス継続性計画の維持・管理について規定した文書。なお、ISMSの活動において、「事業継続管理要領」などと称して定めている場合もある。

(c) 可用性およびITサービス継続性計画
システム障害や災害時などにおける対応手順を定めた計画書。初期対応・暫定対応・復旧対応などの各フェーズに分けて記載することが多い。なお、ISMSの活動において、「事業継続計画（BCP）」などと称して定めている場合もある。

(d) システム障害対応マニュアル
個々のシステムにおける障害時の体制や役割、および対応手順などを

具体的に記載した文書。

(e) ITサービス継続性計画のテスト・訓練計画

可用性およびITサービス継続性計画の実効性や最新の状態に更新されているかなどを確認するとともに、関係する要員に対してのトレーニングを含めて訓練・テストを実施するための計画書。年間計画や個別計画として策定する場合もある。

(f) ITサービス継続性計画のテスト・訓練実施記録

上記テスト・訓練計画にもとづき実施した内容を記録する。訓練・テストの合否結果やITサービス継続性計画の改善内容について盛り込むことが望ましい。

次のような文書が社内に既に存在する場合は、必要に応じて関連性をもたせ、適宜改訂するなどして整備する必要がある。

(g) システム開発規程

情報システムの設計や開発に関する基本方針や基本的な手順およびルールを規定した文書。可用性設計に関する方針などが定められている場合がある。

(h) 稟議規程

顧客からの受注、サプライヤへの発注を決裁する権限ないしは稟議回付先などを取り決めた規程(有事の際の決裁に関係する場合あり)。

12.2 可用性管理プロセスの整備

可用性管理は、可用性の設計と測定の2つに大別される。ここではそれぞれの内容を説明するとともに、可用性管理とその他の管理プロセスとの関係を整理する。

(1) サービス導入時の可用性設計

可用性管理の目的は、ビジネス要件に合った可用性を提供できるITサービスを構築することである。以下に、そのために必要な可用性設計について説明する。なお、可用性管理の担当者は、ITサービスの設計や開発に直接関与する場合もあれば、設計や開発における可用性についてレビューするといった間接的な関与の仕方もある。

(a) ビジネス要件の把握

対象となる業務における可用性の要件を把握する。例えば、顧客(この場合はITサービスの利用者である顧客の先の顧客を意味する)に対して約束しているサービス時間や、業務のITサービスへの依存度、サービス停止時の業務への影響度などによって、ITサービスの可用性要件を把握する。

> **認証取得のポイント**
>
> ISO 20000では、可用性およびサービス継続計画の要求事項を次の観点で特定することを要求している。
> - 事業計画(顧客の事業計画やビジネス要件など)
> - SLAに記載される可用性や障害復旧に関する合意事項

- 自社で行うリスクアセスメントの実施結果

また、アクセス権、応答時間、システムコンポーネント全体の可用性についても検討され、文書化されていることが必要である。

(b) 可用性設計

可用性管理の担当者は、可用性要件を満たすために開発プロジェクトの途中で手戻りが発生しないようにし、開発のライフサイクルにおいて可能な限り初期段階から関与することが望ましい。

可用性管理は、ハードウェアやソフトウェアに対する可用性要件(仕様)や可用性の測定ポイント、信頼性・保守性・サービス性などに関する要件などを提供する。**図表12.5**に測定ポイントのイメージを示す。

(c) 復旧設計

可用性管理では、可用性要件が確実に満たされているかどうかの検証だけではなく、障害発生時などにITサービスを迅速に復旧できるようにするためのシステム設計や運用業務設計を行う必要がある。具体的には、データのバックアップ要件、障害対応手順、診断データの取得手順、サービス回復の検証手順などを検討し、文書化する。

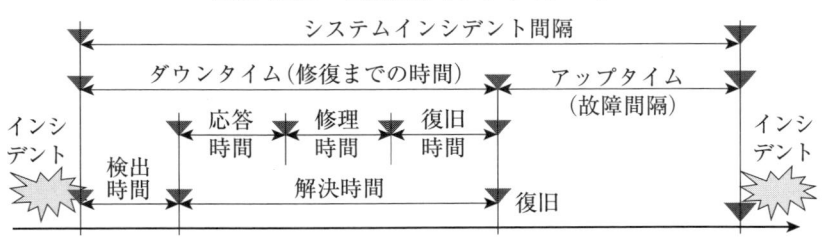

図表12.5　各測定ポイントのイメージ

注)　▼は測定ポイント(タイムスタンプを採取するポイント)
出所)　ITIL『ITIL 入門』をもとに作成

第12章 高可用性と継続性の実現

（d） 計画的ダウンタイムの管理

ハードウェアなどの保守のために予定されているダウンタイムは、適切なタイミングで顧客やユーザに周知する必要がある。可用性管理では、障害などによるダウンだけではなく、事前に計画されている予防保守のような活動についてもスケジュール化や各種調整機能を適切に行うことが求められる。また、計画的なITサービスの停止についての計画策定の手順や周知方法などについても明確に定めておく。

（2） サービス開始後の可用性の測定

可用性管理では、設計段階における可用性要件の実現が重要ではあるが、既存のITサービスやITインフラに対しても可用性にかかわる目標を設定し、監視し、改善していくことも必要である。可用性管理プロセスの整備においては、可用性にかかわる指標の測定方法、計算根拠、測定の担当者、および記録方法などを明確にし、計測を実施する。また、可用性に直接影響するインシデントについて、発生時から復旧までの記録取得方法やタイムスタンプの採取方法などを手順化しておく。

図表 12.6　可用性の測定指標の例

可用性の測定指標	内　容
平均修理時間 （MTTR：Mean Time To Repair）	故障の発生からそのサービス復旧までの平均時間で、ダウンタイムと呼ばれる。検出時間と解決時間を足した合計の時間。
平均故障間隔 （MTBF：Mean Time Between Failures）	あるインシデントからの復旧と次のインシデント発生の間の平均時間で、アップタイムとも呼ばれる。サービスの信頼性に関係する。
平均システムインシデント間隔 （MTBSI：Mean Time Between System Incidents）	連続して起こった2つのインシデントの間の平均で、MTTRとMTBFを足したもの。

出所）　ITIL『ITIL 入門』をもとに作成

図表12.6に可用性にかかわる測定指標の例を示す。

なお、指標の測定においては、その計測方法を顧客と事前に合意しておくことも忘れてはいけない。

> **認証取得のポイント**
>
> ISO 20000では、可用性を測定し、記録することを要求している。したがって、障害発生時から復旧までの時間などを正確に記録する必要がある。

（3）高可用性を実現するための他管理プロセスとの連携

可用性管理は他の多くの管理プロセスに影響を与える。

（a） サービスレベル管理

サービスレベル管理を担う組織は、顧客のビジネス要件の把握や可用性にかかわる報告を関係先に行う。実際の対外的な交渉・折衝はサービスレベル管理の組織が行い、可用性管理の組織は、社内の調整などを行うことになる。また、サービス性にかかわる外部サプライヤとの交渉・折衝については、サプライヤ管理で行う。

（b） インシデント管理

インシデント管理では、障害発生から回復までの一連の記録を行い、それを可用性管理に提供する。

（c） キャパシティ管理

キャパシティの変更は可用性に影響を与えることが多い。また、キャ

パシティ(閾値)の超過はシステムダウンに直結する。このようなことからキャパシティ管理では、可用性管理に対して、適時にキャパシティ情報を提供することが必要となる。

(d) 構成管理

可用性にかかわるリスクアセスメントの実施や可用性を検討する際のITインフラに関する情報を構成管理から入手する。可用性の観点から、システム構成やネットワーク構成を再検討する場合などは、構成管理と共同して行う。

12.3　ITサービス継続性管理プロセスの整備

既に述べたようにITサービス継続性管理は、災害などの不測の事態にITサービスを迅速に復旧させるとともに、ITサービスに関連する事業や業務への影響を最小限にするためのものである。ここでは、ITサービス継続性計画の策定方法やその維持管理のための管理活動について説明する。

(1) ITサービス継続性計画の策定

ITサービス継続性計画は、以下のような手順で策定する。

(a) 顧客のビジネス要件の把握と自社のサービス戦略の決定

ITサービス継続性計画の対象は、顧客に提供しているITサービスであり、その目的は顧客の業務や事業への影響をできるだけ少なくすることである。そのためには、顧客のビジネス要件を的確に把握したうえで、ITサービス継続性計画の策定を行わなければならない。業務要件の一部については、SLAに目標復旧時間などが示されているかもしれない。

しかし、ITサービス継続性計画の策定にあたっては、SLAに示されている内容だけでなく、幅広く、顧客のビジネス要件を確認することが必要である。また、顧客側で作成している事業継続管理(BCM)との整合を確保することも必要である。

一方で、ITサービス事業者の場合、自社の事業継続計画(BCP)が別途必要になる。ITサービス事業者においては、ITサービスの継続は自社の事業継続の生命線でもある。万が一、サービスの停止が長引けば、顧客から損害賠償を請求されるだけでなく、既存顧客や潜在顧客の多くを失う可能性がある。顧客へのITサービスの停止が自社の事業継続にどのような影響を与えるのかといった観点からも自社のBCPを策定する必要がある。

また、サービスの継続性を競争優位性の確保として考えているITサービス事業者においては、自社のサービス戦略をITサービス継続性計画に反映させる必要がある。競合他社分析を行い、ターゲットとする顧客の業界特性やニーズを明確にし、ITサービス継続戦略を決定する。そして、そのITサービス継続戦略を実現するためのバックアップサイトやバックアップシステムの構築、緊急時対応計画などを策定する必要がある。

(b) リスクアセスメント

ITサービスに関係する顧客の重要な業務機能(例えば受注機能)は何か、その業務機能はITサービスの停止によってどの程度の影響を受けるのかを分析する。これが事業影響度分析(Business Impact Analysis：BIA)である。BIAによって、どれぐらいの停止時間でどの程度の(定量的または定性的な)影響を被るのか、また、事業上最大限許容できる停止時間はどの程度なのかといったことを決定し、ITサービス継続性計画に反映させる。

(c) ITサービス継続戦略の決定

ビジネス要件の把握として得られた情報や自らのリスクアセスメント結果などをもとに、ITサービス継続性を確保するためのITサービス継続戦略を決定する。具体的には、サービス停止時の目標復旧時間（Recovery Time Objects：RTO）や復旧の優先度、必要となる資源の確保に関する方針などを明確に定める。

(d) ITサービス継続性計画の策定

ITサービス継続性計画には、緊急時の対応計画、リソースバックアップ計画、およびITサービス継続性計画の維持・管理のための運用管理手順書などがある。

緊急時の対応計画とは、緊急時の対策本部や現場における初期対応、代替手段による暫定対応手順、復旧手順とその組織体制などである。リソースバックアップ計画は、緊急時の対応計画を実行するために必要な資源の定義とその調達のための計画である。これには、バックアップのサイト、システム、データなどのほか、食糧などの備蓄、緊急対策本部招集時の宿泊先なども含まれる。なお、ITサービス継続性計画の運用管理手順書については、次の(2)項で説明する。

> **認証取得のポイント**
>
> ISO 20000の認証取得を目指す組織において、ISO 27001の認証を取得している場合は、事業継続計画を既に策定していることが多い。その場合、既存の事業継続計画を見直すことによってITサービス継続性計画を策定することができる。

(2) ITサービス継続性管理のための運用手順書

　実際の災害などの発生時に緊急時の対応計画が機能するように、ITサービス継続性計画を維持・向上させる必要がある。そのためには、外部の環境変化や内部の戦略、業務内容の変更にともなって、体制や対応手順を継続的に改善することが必要である。このような維持管理を適切に実行するために整備しておくのが、12.1節において述べた「ITサービス継続性管理要領」である。具体的には以下のようなものが含まれる。

(a) ITサービス継続性計画のテスト・訓練

　計画の実効性を検証するためのテストや要員への教育・訓練の計画を策定し、実施する。また、テストや訓練結果をもとに、ITサービス継続性計画の変更を行う。テスト・訓練の内容については次の(3)項で説明する。

(b) 関係者への周知教育

　緊急時にITサービス継続性計画を実行できるように、教育を計画し、実施する。ITサービス継続性計画の教育は、上記の訓練を通じて実施するのが最も効果的であるが、訓練として実施できない内容などについては、集合教育やeラーニングなどを用いて周知教育を実施する。

　特に、派遣社員や委託先社員、新入社員や中途採用社員などは、適時に訓練を行うことが難しいので、集合教育やeラーニングでITサービス継続性計画の内容について理解させる。

(c) リスクアセスメントの定期的な実施

　自社のビジネス環境の変化、顧客要求事項の変化に対応するため、リスクアセスメントを計画し、実施する。リスクアセスメントの結果に応

じてITサービス継続性計画の見直しを行う。

（d） モニタリング

ITサービス継続性計画は、実際に災害などが発生しない限り、実施されることはない。したがって、ITサービス継続性計画に関してのモニタリングは、主に運用管理についてのモニタリングが中心になる。例えば、組織変更にともなうITサービス継続性計画や要員リストの更新、備蓄品の点検などが代表的な例である。

モニタリングは、ITサービス継続性計画の管理組織、および現場での自己点検が中心となるが、加えて、監査部門などによって自己点検の有効性を監査する必要がある。

(3) テストおよび訓練の実施

ITサービス継続性計画のテストおよび訓練は、ITサービス継続性管理を担う部署が中心となって、関係組織と連携しながらテスト計画・訓練計画を策定し、実施する。テスト・訓練は、ITサービス継続性計画全体について網羅的に実施されることが理想ではあるが、現実的にはかなり難しい。一定期間をかけて、徐々に対象範囲を網羅し、テスト・訓練の内容も高度化していくのがよいだろう。

また、実際に災害などが発生した状況をつくり出すことは難しいため、テスト・訓練の方法や、シナリオの策定を工夫する必要がある。テスト・訓練の種類には以下のようなものがある。

（a） レビュー

ITサービス継続性計画や各種チェックリストなどをレビューし、内容などに不備がないかを確認する。レビューは、作成者以外の現場の責任者や外部の専門家などが行う。

12.3 ITサービス継続性管理プロセスの整備

（b） ウォークスルーテスト

ITサービス継続性計画の関係者が集まり、ITサービス継続性計画の手順の読合せを行う。関係者が集まり、相互の関係などを含め、意見交換を行うことによって、対応手順における矛盾点や実効性などを確認できる。

（c） シミュレーションテスト

安否確認、バックアップデータの戻し作業、手作業による暫定業務運用の実施など、特定の対応手順を実行する。

（d） 機能テスト

施設や情報システムなどの特定の機能に関して、実際に実行する。例えば、バックアップサイトへの切替え、要員の移動、特定部門の代替オフィスでの業務実施などがある。

認証取得のポイント

ISO 20000では、サービス継続計画の試験については、以下の事項を要求している。

- 事業上の必要性に沿って試験すること
- 事業環境に重大な変更があった場合には、再試験すること
- すべての継続試験を記録すること
- 試験が不合格の場合は処理計画を策定すること

第13章 ITサービスの資源とコストの最適化

　本章では、ITサービスを提供するにあたっての資源配分の最適化や、サービス品質とコストの最適化を実現するための管理プロセスであるキャパシティ管理とITサービス財務管理（以下、財務管理という）について説明する。

13.1　事業計画とITサービス提供能力

　キャパシティ管理や財務管理は、組織の事業戦略や事業計画との関係が深い。例えば事業戦略や事業計画から、将来必要となるITサービスの提供能力を把握し、必要となるITサービスのキャパシティや予算を計画的に確保していくことが必要である。ここでは、キャパシティ管理と財務管理に共通する目的や相互の関係について説明する。

（1）キャパシティ管理と財務管理の目的

　キャパシティ管理は、技術的な側面だけで捉えられがちである。また、財務管理はコスト削減という後向きな視点で捉えられる場合が多い。しかし、本来、キャパシティ管理や財務管理は、事業戦略や事業計画と直結する戦略的な管理活動である。このことは、企業の情報システム部門においても、もちろんのことであるが、ITサービス事業者においてはより顕著となる。

このように最適な資源配分とコストパフォーマンスの実現を達成するのがキャパシティ管理と財務管理の目的である。

(2) キャパシティとコストのバランス

キャパシティ管理と財務管理を実施するうえで重要なことは、「キャパシティ」と「コスト」のバランスを保つことである。ITサービスをできるだけ安いコストで提供することは必要であるが、すべての資源を必要最低限にするのは危険である。ITサービスに対する顧客の需要が急速に拡大した場合、事業機会を逃すことにもなりかねない。

したがって、将来にわたってどれだけの資源や処理能力が必要となるのかを慎重に検討し、計画的に資源を配分していく必要がある。そのためには、現在のキャパシティの状況や事業予測などを日常的に分析・評価していくことが重要である。

(3) キャパシティ管理と財務管理で整備すべき文書類

キャパシティ管理と財務管理に関係する文書として以下のような文書を整備する。なお、文書の種類や構成などは既存の文書体系などを考慮して決定する必要がある。

(a) キャパシティ管理要領

主にサービスキャパシティ管理、リソースキャパシティ管理についての手順を定めた文書。将来予測のために、蓄積すべきデータの内容や蓄積や分析の手順などが含まれる。

(b) コスト管理要領

予算・実績管理のプロセス全体を規定した文書。原価費目および原価要素などの定義を含む。

(c) キャパシティ計画書

ITコンポーネントの容量やパフォーマンス、社内の要員配置や外部委託先の要員受入れなどに関する計画書。

(d) 予算・支払実績管理表

策定した予算に対する実績を管理するための書類。

(e) 請求・入金管理表

顧客への請求期日や金額、入金の期日などを管理する書類。

次のような文書が社内に既に存在する場合は、必要に応じて関連性をもたせ、適宜改訂するなどして整備する必要がある。

(f) 稟議規程

ハードウェアやソフトウェアなどの購入、サプライヤへの発注に関して決裁する権限を取り決めた文書。一般的には職務権限規程のなかに記載されているが、ITサービスに必要な機器やサービスの購入に関して、より詳細な内容を規定する場合もある。

(g) IT資産管理規程

会計上の資産計上を行うものだけではなく、ITサービスに関連する資産の管理を幅広く規定した文書。構成管理とも関連が深い。

13.2 キャパシティ管理の概要とプロセス整備

キャパシティ管理は、事業戦略や事業計画を踏まえたIT投資計画の策定から個々のITコンポーネントのキャパシティ管理まで、その対象

範囲は非常に広い。ここでは、キャパシティ管理の概要とプロセス整備のためのポイントを解説する。

(1) キャパシティ管理の3つのサブプロセス

キャパシティ管理は、「事業キャパシティ」、「サービスキャパシティ」、「リソースキャパシティ」の3つのサブプロセスからなる。一般的に「キャパシティ」という言葉から想像されるハードウェアなどの性能・容量については、「リソースキャパシティ」といわれるものである。以下に3つのサブプロセスの概要を解説する。

(a) 事業キャパシティ管理

組織全体の戦略や方向性を確認し、将来の資源予測を立て、資源配分を計画するのが事業キャパシティ管理の目的である。そのためには、提供するITサービスにかかわる内部や外部の環境分析を行い、将来のビジネスニーズを予測することが必要となる。

事業キャパシティに影響を与える要因としては、顧客の(事業計画などを含む)ニーズ、法規制、競合他社などの動向、および自社の財務状況、既存サービスの投資対効果の分析結果、ならびに最新技術動向などが挙げられる。

(b) サービスキャパシティ管理

現在提供しているサービスについてのキャパシティを管理するのがサービスキャパシティ管理の目的である。具体的には、各サービスの利用状況や、既存資源で提供されるITサービスのSLA達成状況などを監視・測定し、必要な資源配分を行う。

図表 13.1　サービスキャパシティとリソースキャパシティの関係

```
                                    IT インフラストラクチャ
                            ┌─────────────────────────────────┐
                            │ データ    │     │ ネット │       │
                            │ ベース    │ OS  │ ワーク │ サーバ │
  サービス A  ──→            │  Q DB    │     │   X   │  #1   │
                            │          │ aa  │       │       │
  サービス B  ──→            │  P DB    │     │   Y   │  #2   │
                            │          │ bb  │       │       │
  サービス C  ──→            │  R DB    │ cc  │   Z   │  #3   │
                            └─────────────────────────────────┘
```

サービス単位のキャパシティ（SLA などの目標値に対するパフォーマンス）
例：処理時間、レスポンスタイム、利用率など

構成品目単位のキャパシティ（各コンポーネントの稼動状況や容量）
例：CPU 利用率、ネットワーク接続数、帯域幅、ディスク容量など

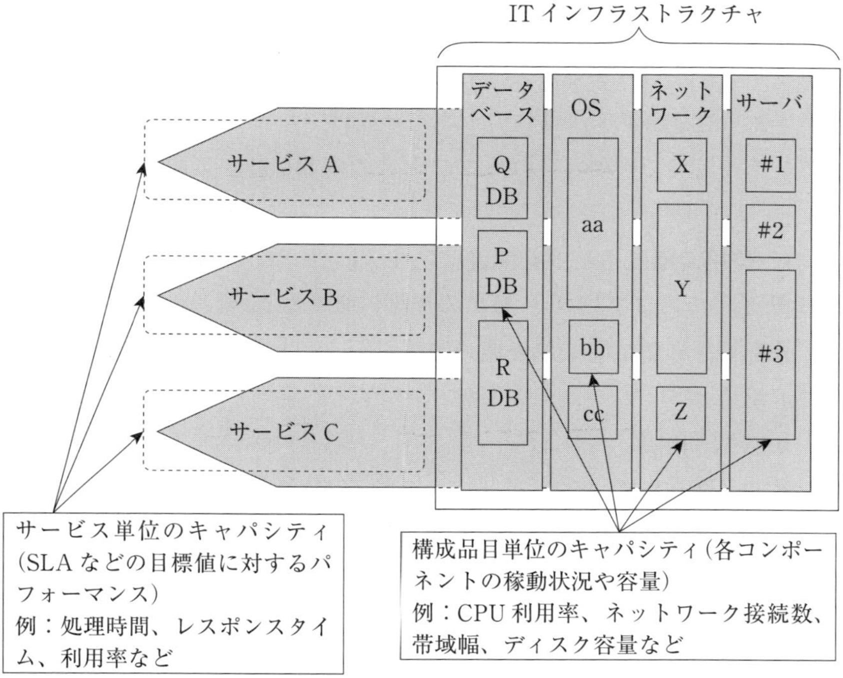

（c）リソースキャパシティ管理

　サービスキャパシティ管理がサービス単位で行われるのに対して、リソースキャパシティ管理はIT サービスの提供に必要な構成品目単位にキャパシティを管理する。**図表13.1**にサービスキャパシティとリソースキャパシティの関係を示す。

　リソースキャパシティ管理では、IT サービスの構成品目である個別のIT 資源の使用状況を監視・分析して、資源が不足している場合には、増強するなどの対応が必要となる。

(2) キャパシティ管理プロセスの整備

キャパシティ管理プロセスの目的は、事業予測などを踏まえて、コストパフォーマンスの高いITサービスを提供することである。以下にキャパシティ管理で必要とされるプロセスの概要について説明する。

(a) 監視活動にもとづく実装

ITサービスおよびITサービスの提供に必要なIT資源の使用状況を測定・分析し、必要に応じて資源の実装を行う。具体的な監視項目の例を次に示す。

- CPU利用率
- メモリ利用率
- ファイル記憶領域の使用量
- トランザクションに対する応答時間
- 1秒当たりのトランザクション数の最大
- 1秒当たりのトランザクション数の平均
- バッチ処理時間の傾向
- ログオン数(稼動ユーザ数)
- ネットワーク接続数
- 1秒当たりのI/O数

それぞれの監視項目について、正常か否かを判断するための閾値を設け、各監視項目のデータがこの閾値を超えていないかどうか、また、SLAで定義された範囲内にとどまっているかどうかなどを判断する。また、容量などの推移に予測と実績の差異がある場合には、その分析を行う。

分析結果から、ハードディスク容量やメモリ容量の増強といった変更が必要な場合には、変更管理プロセスを通じて実装を行う。

(b) キャパシティ管理データの蓄積

キャパシティ管理の成否は、データの蓄積に左右されるところが大きい。事業キャパシティ、サービスキャパシティ、リソースキャパシティの精度を高めるためには、必要な情報を定義し、蓄積していく必要がある。

事業キャパシティの予測においては、将来のITサービスや情報システムのキャパシティに影響を及ぼす事業データや財務データが必要になる。事業データや財務データの例としては、将来の売上予測、その根拠となる顧客数の増加、新サービスの計画などが該当する。

SLAに記載される目標値と実際を評価する際には、サービス単位の各トランザクションの応答時間やバッチジョブの処理時間などのサービスデータが必要となる。また、リソースキャパシティの管理には、CPUやネットワークのセグメントの推奨利用率やネットワーク接続の物理的制限(接続数の制限)などの技術データや個々のIT資源の利用状況を示す利用データが必要になる。**図表13.2**に利用データの例を示す。

図表13.2　利用データの例

技　　術	収集可能な測定基準の例
メインフレーム	CPU利用率、ページング率、I/O数
アプリケーション	トランザクション数、応答時間
UNIXサーバ	CPU利用率、メモリ利用率、プロセス数
ミドルウェア	キューの長さの平均、トランザクション数
ネットワーク	帯域幅利用率、接続数、エラー率
データベース	共有メモリ利用率、問合せ数／秒
PCクライアント	CPU利用率、メモリ利用率

出所）ITIL『サービスデリバリ』をもとに作成

第13章 ITサービスの資源とコストの最適化

> **認証取得のポイント**
>
> ISO 20000では、予測分析を可能にするデータおよびプロセスを定義することを要求している。したがって、必要なデータを定義することはもちろん、予測のためのプロセスも明確に定義しておく必要がある。

（c） キャパシティ計画の策定

キャパシティ計画では、資源の利用状況とサービスのパフォーマンスの現状を示す。そのうえで、事業計画などをもとに、継続的にITサービスを提供するための将来的な資源計画を明確にすることが必要である。

また、キャパシティ計画の作成と更新タイミングについても、あらかじめ定めておく。キャパシティ計画の策定は、予算編成や投資計画の一環として、事業年度計画に合わせて実施すべきである。中長期の経営戦略や各年度の事業計画の策定の作業は、まさにキャパシティ管理における事業キャパシティに相当する。

> **認証取得のポイント**
>
> ISO 20000では、容量・能力管理（キャパシティ管理）で次の2点を含めることを要求している。
> - 現在および予測された容量・能力（キャパシティ）の要求事項
> - 現在および予測されたパフォーマンスの要求事項
>
> 「容量・能力（キャパシティ）」とは、単位時間当たりの処理能力（スループット）などを意味し、「パフォーマンス」はサービスの応答時間（レスポンス）を意味する。したがって、認証取得のためには、それぞれに関係する監視データを収集し、管理する必要がある。

13.3　ITサービス財務管理プロセスの構築

提供するサービスのコストを正確に把握することは、顧客に対して価格の妥当性を説明するのに必要なだけでなく、顧客とのサービスレベルの変更や新たなサービスの提供を柔軟かつ迅速に行うために必要である。

(1) ITサービスの財務管理の基本的な考え方

ITサービスの提供にかかわる財務管理(予算管理および会計)を適切に実施することは、ITサービスの品質向上に不可欠である。また、ITサービスを提供するうえで発生する必要なコストを透明にすることは、顧客満足度の向上にも貢献する。財務管理は、以下のような内容を含む。

(a) 予算管理

予算管理とは、顧客の需要を予測し、事業年度などの一定期間にかかるコストを算出し、その財源を確保するプロセスである。また、実際の支出の実績を把握し、予算と比較しながら支出の必要性などを検討し、不要な支出を抑える。

(b) 会計

会計とは、顧客やサービスごとにコストを配賦する仕組みを構築し、それらを着実に運用することをいう。ITサービスを提供する組織が、必要なコストを正確かつ明瞭に説明できるようにする活動である。

(c) 課金

課金とは、顧客に提供したサービスについて、利用料を請求するための一連のプロセスである。金銭の請求・支払という事務的な流れだけで

はなく、その間に発生する顧客とのコミュニケーションについても、顧客満足度の向上のために活用する必要がある。

> **認証取得のポイント**
>
> ISO 20000では、「課金」は任意の活動であるため、要求事項には含まれていない。したがって、特に企業の情報システム部門が認証を取得する場合は、課金のプロセスについては、考慮しなくてよいが、コストを適正に配賦することが要求されている。

(2) コスト分類(管理費目)の検討

ITサービスにかかわるコストが正しく識別され、管理されることを確実にするためには、まずコストを分類することが必要である。財務管理は、キャパシティ管理と整合をとり、検討すべきである。事業戦略や事業計画に即した資源の配分は、コストの検討(財務管理)と不可分である。確実な財務管理を実現するために、次のような検討が必要となる。

(a) 費目および構成品目の定義

ITサービスを提供する組織として、把握すべきコストの分類の最も大きなカテゴリは、以下のようなものである。なお、ITILではこれを「原価費目」という。

- ハードウェアコスト
- ソフトウェアコスト
- 人的コスト(人件費)
- 設備コスト
- 外部サービスコスト
- 振替コスト

13.3 ITサービス財務管理プロセスの構築

　振替コストとは、例えば、ITサービス提供者が顧客に代わってパソコンなどの機器を購入する場合、最終的に顧客に振り替えて請求するコストのことである。

　原価費目はさらに分割して管理されることが多い。コストの分析などを正確に行うためにも、コストをより詳細に分類し、定義することが必要である。**図表13.3**に示すように原価費目を構成する要素をITILでは「原価要素」という。原価要素は**図表13.4**のように分類されることがある。

　なお、コストの詳細化には、後述する「間接費(共用コスト)の配賦」を可能とすることが必要である。

認証取得のポイント

　ISO 20000では、サービスの予算業務及び会計業務として、情報資産、共有資源、間接工数、外部から提供されるサービス、人員、保険および使用許諾を含む、すべてのコンポーネントを対象とすることを要求している。

図表13.3　原価費目と原価要素の例

原価費目	原価要素の例
ハードウェア	メインフレーム、LAN、ストレージ、周辺機器、WAN、サーバ、携帯機器、PC
ソフトウェア	OS、データベース、アプリケーション、運用管理ツール、監視ツール
人件費	給与コスト、福利厚生、赴任費用、必要経費、時間外手当、コンサルタント費
収容設備	オフィス、倉庫、セキュリティ強化フロア、光熱費
外部サービス	警備サービス、災害復旧サービス、アウトソーシングサービス
振替	組織内の他の部門からの課金(施設管理部門からの徴収など)

出所)　ITIL『サービスデリバリ』をもとに作成

図表13.4　原価要素の分類

分類		説明
資産コストと運用コスト	資産コスト	物理的(実質的)な資産に適用されることが多い。コンピュータ機器、建物、アプリケーションなど(減価償却も考慮しなければならない)。
	運用コスト	人件費、ハードウェアの保守費、ソフトウェアのライセンス料金、公共料金(電気・ガス・水道)など、日々の運用の結果生じるコスト。
直接費と間接費	直接費	単一の顧客に割り当てられる費用。単一の組織でのみ利用されるサーバやアプリケーションなどを顧客に帰属させることができる費用。
	間接費	特定の顧客に容易に配賦できない費用。データセンターのスタッフの人件費、光熱費、ネットワーク費用など。
固定費と変動費	固定費	リソースが変化した場合でも変動しないコスト。サーバに対する保守費用やソフトウェアの法人単位のライセンス料金など。
	変動費	利用量や時間などの何らかの要因で変動する費用。従量制ライセンス料金、運用スタッフの時間外手当てなど。

出所)　ITIL『サービスデリバリ』をもとに作成

(b)　顧客へのコスト配賦方法の検討

　本来、顧客に提供するITサービスの価格を決定するためには、顧客単位やITサービスを構成するサービス項目単位のコストを明確にすることが必要である。しかし、ITサービス提供者のなかには、ITサービス全体においての収支は把握していても、個別の顧客単位での収支は曖昧な場合も少なくない。また、サービス項目別のコストが明確でないため、顧客ごとにサービスの内容やレベルが異なっていても価格は同じというような場合もある。いわゆるどんぶり勘定である。

　このような状況は、社内の情報システム部門が提供するITサービスにおいては、より顕著である。ITサービス事業者はもとより、社内の

情報システム部門であっても、ユーザ部門単位などでのITサービスのコストを把握することは、ユーザ部門のコスト意識を高めるためにも有意義である。

> **認証取得のポイント**
>
> ISO 20000の認証取得にあたっては、費用の配賦について以下の点に注意する。
> - 間接費に該当する費用を含め組織内の費用全体を把握する
> - 間接費を顧客に配賦するための明確な方針を制定する
> - 審査において、上記2点を示す明確な根拠を示す

（c） サービス単位のコスト配賦方法の検討

コストの配賦で難しいのが、複数のサービスでサーバや担当者を共用している場合の費用をサービス単位や顧客ごとに配賦する場合である。

単一のサービスに起因するコストであれば、そのまま当該サービスに割り当てればよい。一方、複数のサービスにおいてサーバや担当者を共有しているような場合、そのまま個々のサービスに割り当てることは難しい。このような場合は、トランザクション数、ユーザ数、ディスクの使用量など、サービスの特性に応じて配賦基準を決めて、各サービスにコストを配賦することになる。

> **認証取得のポイント**
>
> ISO 20000では、サービスへの直接費の割当てと間接費の配賦を求めている。

(3) 予算・実績管理プロセスの整備

予算編成とその実績管理について、以下のようなプロセスの整備を行う必要がある。

(a) 予算編成および承認プロセスの明確化

3月決算の企業の場合、毎年12月から3月にかけて予算編成を行う。予算は、最終的には経営会議および取締役会などにおいて決定される。ITサービスの予算編成も、このような周期に合わせて行うようにプロセスを定義する。しかし、ITサービス事業者においては、顧客の予算編成時期に合わせて予算編成を行う必要があるかもしれない。

(b) 予算執行時の決裁権限の設定

割り当てられた予算を執行する際には、当該組織の然るべき責任者に承認を得る。一般的には、執行する(発注および支払いを行う)金額により決裁を行う責任者が決まっているはずである。しかし、ITサービス事業者においては、顧客の承認行為についても考慮しなければならないだろう。

(c) 外部からの調達プロセスの明確化

外部サービスを活用する場合、および機器やソフトウェアなどを購入する場合の見積りから発注までの一連のプロセスを整備する必要がある。

(d) 予算超過を警告するモニタリング

予算がどの程度消化されているのか、また、予算を超過していないかを監視する仕組みが必要である。どのタイミングで、どの程度消化されていれば正常なのか、また、超過の予兆や実際に超過した場合の警告の

仕方などを検討し、役割と手続を明確に定める。

認証取得のポイント

ISO 20000では、予算超過防止や適正な予算執行を統制するプロセスを定めることを求めている。

付録　ITIL 用語と JIS Q 20000 用語の対比表

　この対比表は㈶日本情報処理開発協会の『ITSMS ユーザーズガイド』（2007 年 4 月 20 日）を転載したものであり、転載にあたっては許諾を得ている。

　注）　用語に相違がある場合は、相違欄に "⇔" で示す。

ISO/IEC 20000 原文	ITIL 用語	相違	JIS Q 20000
accounting	会計	⇔	会計業務
agreement	合意		合意
asset	資産		資産
asset management	資産管理		資産管理
assurance	保証		保証
attribute	属性		属性
audit	監査		監査
availability	可用性		可用性
availability management	可用性管理		可用性管理
back-out plan	切り戻し計画	⇔	リリース前の状態に戻す計画
baseline	ベースライン		ベースライン
budgeting	予算管理	⇔	予算業務
build	構築		構築
business objectives	事業達成目標	⇔	事業目的
business process	ビジネス・プロセス	⇔	事業プロセス
business relationship management	事業関係管理	⇔	顧客関係管理
business unit	事業単位		事業単位
capacity	キャパシティ	⇔	容量・能力
capacity management	キャパシティ管理	⇔	容量・能力管理
capacity plan	キャパシティ計画	⇔	容量・能力計画
categorization	カテゴリ化	⇔	分類
change	変更	⇔	変更、変化
change authority	変更許可委員	⇔	変更を認可する権限をもつ者
change control	変更コントロール	⇔	変更を制御する方法
change management	変更管理		変更管理

付録　ITIL用語とJIS Q 20000用語の対比表

ISO/IEC 20000 原文	ITIL 用語	相違	JIS Q 20000
change record	変更レコード	⇔	変更記録
charging	課金	⇔	課金業務
classification	分類		分類
closure	クローズ	⇔	「終了」
code of practice	実施基準	⇔	実践のための規範
compliance	遵守性	⇔	順守
configuration	構成		構成
configuration audit	構成監査		構成監査
configuration baseline	構成ベースライン	⇔	構成(の)ベースライン
configuration control	構成コントロール	⇔	構成の管理
configuration identification	構成識別		構成識別
configuration item	構成アイテム	⇔	構成品目
configuration management	構成管理		構成管理
configuration management database	構成管理データベース		構成管理データベース
configuration management plan	構成管理計画	⇔	構成管理の計画
configuration status accounting	構成ステータスの説明	⇔	構成状態の説明
configuration verification	構成検証	⇔	構成の検証
contingency plan	緊急事態計画	⇔	不測の事態に対応する計画
contract	契約		契約
contract managers	契約マネージャ	⇔	契約の担当者
control	コントロール	⇔	制御、管理策、管理、統合的制御
cost	コスト	⇔	費用
cost effectiveness	費用対効果	⇔	費用と効果
cost model	原価モデル		原価モデル
customer	顧客		顧客
definitive software library	確定版ソフトウェアの保管庫	⇔	確定版ソフトウェアライブラリ
deliverable	成果物	⇔	提出書類
dependency	依存性		依存性
diagnosis	診断		診断
direct cost	直接費		直接費
disaster recovery	災害復旧		災害復旧

付録　ITIL 用語と JIS Q 20000 用語の対比表

ISO/IEC 20000 原文	ITIL 用語	相違	JIS Q 20000
document	文書		文書
effectiveness	有効性		有効性
efficiency	効率性	⇔	効率
emergency change	非常時の変更	⇔	緊急の変更
environment	環境		環境
error	エラー	⇔	誤り
escalation	エスカレーション	⇔	段階的取扱い、経路
failure	障害		障害
fault	故障		故障
function	機能		機能
identification	識別	⇔	識別、（リスクの）特定、把握
impact	インパクト	⇔	影響
incident	インシデント		インシデント
incident categorization	インシデントのカテゴリ化	⇔	インシデントの分類
incident management	インシデント管理		インシデント管理
incident record	インシデント・レコード	⇔	インシデント記録
incident report	インシデント・レポート	⇔	インシデント報告書
indirect cost	間接費		間接費
information system	情報システム		情報システム
information technology	情報技術		情報技術
infrastructure	インフラストラクチャ		インフラストラクチャ
integrity	完全性		完全性
interface	インタフェース		インタフェース
job description	職務定義書		職務定義書
knowledge	ナレッジ	⇔	知識
knowledge base	ナレッジ・ベース	⇔	知識ベース
known error	既知のエラー	⇔	既知の誤り
known error record	既知のエラー・レコード	⇔	既知の誤りの記録
live environment	稼働環境		稼働環境
major incident	重大なインシデント		重大なインシデント

付録　ITIL用語とJIS Q 20000用語の対比表

ISO/IEC 20000 原文	ITIL 用語	相違	JIS Q 20000
management system	管理システム	⇔	● ITサービスマネジメントシステムを指す場合「マネジメントシステム」 ● 各項のシステムを指す場合 「～管理のシステム」 　例：configuration management system ＝構成管理のシステム
method	手法	⇔	方法
objective	目標	⇔	目的
operational	運用	⇔	運用（他訳有り）
operational level agreement	オペレーショナルレベル・アグリーメント	⇔	運用レベル合意書
overheads	オーバヘッド	⇔	間接工数
people	人材	⇔	人材、人員、要員
performance	パフォーマンス		パフォーマンス
post implementation review	導入後のレビュー		導入後のレビュー
priority	優先度		優先度
proactive problem management	プロアクティブな問題管理	⇔	事前予防的な問題管理
problem	問題		問題
problem management	問題管理		問題管理
problem record	問題レコード	⇔	問題に関する記録
procedure	手順		手順
process	プロセス		プロセス
process control	プロセス・コントロール	⇔	プロセス制御
process owner	プロセス・オーナ	⇔	プロセスの管理責任者
production environment	本番環境		本番環境
program	プログラム		プログラム
project	プロジェクト		プロジェクト
quality	品質		品質
record	レコード	⇔	記録
recovery	復旧		復旧

付録　ITIL用語とJIS Q 20000用語の対比表

ISO/IEC 20000 原文	ITIL 用語	相違	JIS Q 20000
relationship	関係		関係
release	リリース		リリース
release acceptance	リリースの受け入れ	⇔	リリースの受入れ
release management	リリース管理		リリース管理
release plan	リリース計画		リリース計画
release policy	リリース・ポリシー	⇔	リリース方針
release processes	リリース・プロセス	⇔	リリースプロセス
release record	リリース・レコード	⇔	リリース記録
reliability	信頼性		信頼性
request for change	変更要求		変更要求
request for service/service request	サービス要求		サービス要求
resolution	解決		解決
resolution process	解決プロセス		解決プロセス
restoration of service	サービスの回復		サービスの回復
review	レビュー		レビュー
risk	リスク		リスク
risk assessment	リスク評価	⇔	リスクアセスメント
role	役割		役割
roll-out	投入		投入
roll-out planning	投入計画立案	⇔	投入計画の立案
scope	適用範囲		適用範囲
security	セキュリティ		セキュリティ
service	サービス		サービス
service acceptance criteria	サービス受け入れ基準	⇔	サービス受入れ基準
service catalog	サービスカタログ		サービスカタログ
service definition	サービス定義	⇔	サービスの定義
service delivery	サービスデリバリ	⇔	サービス提供
service desk	サービスデスク		サービスデスク
service hours	サービス時間		サービス時間
service level agreement	サービスレベル・アグリーメント	⇔	サービスレベル合意書
service level management	サービスレベル・管理	⇔	サービスレベル管理
service management	サービスマネジメント		サービスマネジメント
service provider	サービス・プロバイダ	⇔	サービス提供者

231

付録　ITIL 用語と JIS Q 20000 用語の対比表

ISO/IEC 20000 原文	ITIL 用語	相違	JIS Q 20000
service support	サービスサポート	⇔	サービス支援
stakeholders	利害関係者		利害関係者
status accounting	ステータスの説明	⇔	状態の説明
strategic	戦略的		戦略的
supply chain	サプライ・チェーン	⇔	サプライチェーン
system	システム		システム
task	タスク	⇔	業務
threshold	しきい値		しきい値
throughput	スループット	⇔	情報処理量
trend analysis	トレンド分析	⇔	傾向の分析
urgency	緊急度		緊急度
user	ユーザ	⇔	利用者
variant	バリアント	⇔	その派生
variance	差異		差異
verification	検証		検証
version	バージョン	⇔	版
work-around	ワークアラウンド	⇔	回避策
workloads	作業負荷		作業負荷

ITIL 用語出典『IT サービスマネジメント用語集　用語、頭字語、略語』(*it*SMF Japan 発行)

参 考 文 献

1) 日本工業標準調査会(審議):『JIS Q 20000-1:2007(ISO/IEC 20000-1:2005)情報技術―サービスマネジメント―第1部:仕様』、日本規格協会、2007年。
2) 日本工業標準調査会(審議):『JIS Q 20000-2:2007(ISO/IEC 20000-2:2005)情報技術―サービスマネジメント―第2部:実践のための規範』、日本規格協会、2007年。
3) 日本工業標準調査会(審議):『JIS Q 9000:2006(ISO 9000:2005)品質マネジメントシステム―基本及び用語』、日本規格協会、2006年。
4) 日本工業標準調査会(審議):『JIS Q 9001:2000(ISO 9001:2000)品質マネジメントシステム―要求事項』、日本規格協会、2000年。
5) 日本工業標準調査会(審議):『JIS Q 27001:2006(ISO/IEC 27001:2005)情報技術―セキュリティ技術―情報セキュリティマネジメントシステム―要求事項』、日本規格協会、2006年。
6) 日本工業標準調査会(審議):『JIS Q 27002:2006(ISO/IEC 17799:2005)情報技術―セキュリティ技術―情報セキュリティマネジメントの実践のための規範』、日本規格協会、2006年。
7) 日本工業標準調査会(審議):『JIS Q 2001:2001リスクマネジメントシステム構築のための指針』、日本規格協会、2001年。
8) ITIL書籍『サービスサポート』(日本語版)、TSO、2003年。
9) ITIL書籍『サービスデリバリ』(日本語版)、TSO、2004年。
10) ITIL書籍『サービスマネジメント導入計画立案』(日本語版)、TSO、2005年。
11) ITIL書籍『ビジネスの観点 サービス提供におけるISからの視点』(日本語版)、TSO、2006年。
12) ITIL書籍『ITIL入門』(日本語版)、TSO、2006年。
13) 日本情報処理開発協会:「ISMSユーザーズガイド―JIS Q 27001:2006(ISO/IEC 27001:2005)対応―」、2006年。
14) 日本情報処理開発協会:「ITSMSユーザーズガイド―JIS Q 20000(ISO/IEC 20000)対応―」、2007年。
15) ITガバナンス協会、日本ITガバナンス協会(訳):「COBIT 4.0 日本語版」、2007年。
16) ITガバナンス協会、日本ITガバナンス協会(訳):「COBIT for SOX 2nd

参考文献

　　　Edition 日本語版」、2007年。
17)　経済産業省:「システム管理基準 追補版(財務報告に係るIT統制ガイダンス)」、2007年3月30日改訂。
18)　企業会計審議会:「財務報告に係る内部統制の評価及び監査の基準並びに財務報告に係る内部統制の評価及び監査に関する実施基準の設定について(意見書)」、2007年2月15日。
19)　電子情報技術産業協会ソリューションサービス事業委員会(編著):『民間向けITシステムのSLAガイドライン 第三版』、日経BP社、2006年。
20)　黒崎寛之:『要点解説 ITILがわかる!』、技術評論社、2006年。
21)　尾崎雅彦:『ITIL導入のためのBS15000/ISO20000入門』、ソフトバンク クリエイティブ、2006年。
22)　株式会社プロシード／ITAMグループ:『ITIL入門』、生産性出版、2004年。

索　引

［英数字］

ACD（Automatic Call Distribution）　136
BCM（Business Continuity Management）　193
BIA（Business Impact Analysis）　68, 205
BIP 0005　13
BS 15000　12
CAB（Change Advisory Board）　169, 186
CAB/EC（CAB Emergency Committee）　169
CAB緊急委員会　169
CCTA（Central Computer Telecommunications Agency）　64
CCTAリスク分析管理手法（CRAMM）　198
CI（Configuration Item）　151
CIO（Chief Information Officer）　48
CMDB（Configuration Management DataBase）　151
CRAMM（CCTA Risk Analysis and Management Method）　64, 67
CSF（Critical Success Factors）　39
CSIP（Continual Service Improvement Plan）　46, 76

DHS（Definitive Hardware Store）　179
DSL（Definitive Software Library）　179
ICTインフラストラクチャ管理　10
ISMS　13, 24, 54, 181
ISO 20000　12
ISO 27001　5, 24, 181
ISO 9001　24
ITIL　10
itSMF　13
ITサービス　4, 7
ITサービス継続性管理　12, 193
ITサービス継続性計画　204
ITサービス財務管理　12
ITサービス提供者　3
ITサービスマネジメント　7, 9
ITサービスマネジメント基本方針　37
ITサービスマネジメントフォーラム　13
IVR（Interactive Voice Response）　136
JEITA　122
JIPDEC　13
KPI（Key Performance Indicators）　39, 80, 82
MTBF（Mean Time Between Failures）

索　引

202
MTBSI（Mean Time Between System Incidents）　202
MTTR（Mean Time To Repair）　202
OGC　10, 22, 64
OGCセルフアセスメント質問票　22
OLA（Operational Level Agreement）　117
PD 0015　13, 22, 23
PDCAサイクル　43
QMS　24, 52
RFC（Request For Change）　139, 149, 165
RFC申請書（RFC）　154
RTO（Recovery Time Objects）　206
SLA　115
SLM　117
UC（Underpinning Contract）　117

［あ　行］

アプリケーション管理　10
インシデント　136, 142
　――管理　10, 136, 142, 187
ウォークスルーテスト　209
請負契約　117
運営事務局　48
エラーコントロール　148
オペレーショナルレベル合意書　118
親CI　161

［か　行］

会計　219
階層的エスカレーション　144
課金　219
確定版ソフトウェア保管庫　179
確定版ハードウェア保管庫　179
可用性　192
　――管理　12, 200
　――設計　201
監査責任者　49
監視活動　87
既知のエラー　137
機能的エスカレーション　144
機能テスト　209
ギャップ分析　21
キャパシティ管理　12
キャパシティ計画　218
脅威　68
教育責任者　49
切り戻し計画　154
金融商品取引法　6
継続的サービス改善計画　46, 76
原価費目　220
原価要素　221
子CI　161
構成管理　10, 151
構成管理データベース　151
構成品目　151
顧客関係管理　118, 119
故障樹解析（FTA）　196
コンポーネント障害インパクト分析（CFIA）　195

索 引

[さ 行]

サービス改善計画　102
サービスキャパシティ　214
サービスサポート　10
サービス性　192
サービス停止分析(SOA)　196
サービスデスク　10, 133, 134
サービスデスクマネージャ　50
サービスデリバリ　10
サービス報告書　125, 130
サービスマネージャ　50
サービスマネジメント導入計画立案　10, 40
サービスレベル管理　11, 116, 119, 184
サプライヤ　33, 117
　──管理　118, 119
事業影響度分析　68, 205
事業キャパシティ　214
事業継続管理　55, 193
資産目録　189
シミュレーションテスト　209
重要成功要因　39
情報システム統括役員　48
情報セキュリティ管理　54
情報セキュリティポリシー　182
信頼性　192
脆弱性　68
セキュリティ管理　10
ソフトウェアライセンス管理　159

[た 行]

テクニカル・オブザベーション・ポスト(TOP)　197
電子情報技術産業協会(JEITA)　122
統括責任者　47
投入計画　154

[な 行]

内部監査　90
内部統制　6
日本情報処理開発協会(JIPDEC)　13
認証制度　13

[は 行]

ビジネスの観点　10
復旧設計　201
振替コスト　221
プロアクティブな問題管理　149
プロセスオーナ　49, 79
プロセスマネージャ　49, 79
平均故障間隔　202
平均システムインシデント間隔　202
平均修理時間　202
ベースラインアプローチ　64
変更　165
　──管理　10, 152
変更計画書(FSC)　154
変更諮問委員会　169, 186
変更要求　139, 149, 165

索　引

保守性　192

［ま　行］

マネジメントシステム　13, 24, 43
マネジメントレビュー　108
民間向けITシステムのSLAガイドライン第三版　122
目標復旧時間　206
問題　137
　――管理　10, 136, 187
問題コントロール　147

［や　行］

予算管理　219

予定停止計画（PSA）　154

［ら　行］

リスクアセスメント　61
リスクマネジメント　61
リソースキャパシティ　214
リリース　174
　――管理　10, 152, 174
　――計画　154, 174
　――ポリシー　176, 178

●会社紹介

KPMG

　KPMGは、監査、税務、アドバイザリーサービスを提供するプロフェッショナルサービスファームのグローバルネットワークです。世界148カ国のメンバーファームに113,000名以上のプロフェッショナルを擁し、サービスを提供しています。

　KPMGネットワークに属する独立した個々のメンバーファームは、スイスの協同組合であるKPMG Internationalに加盟しています。KPMG Internationalは、クライアントに対していかなるサービスも行っていません。

KPMGビジネスアシュアランス株式会社

　KPMGビジネスアシュアランス株式会社は、KPMGのメンバー企業として、コーポレートガバナンスや内部管理態勢から、事業継続やコンプライアンスのマネジメント態勢、さらには、情報セキュリティ管理態勢や人事管理態勢の構築や評価・改善など、組織風土や組織経営にかかわるさまざまなアドバイザリーサービスを提供している国内最大級のリスクマネジメント専門会社です。

●著者紹介

[編著者]

榎木 千昭（えのき ちあき）
執行役員マネージングディレクター

　外資系コンピュータ会社を経て、1991年KPMG入社。主に、システム監査、および情報セキュリティ、事業継続マネジメント、ITサービスマネジメント等のアドバイザリー業務に従事。

　日本情報処理開発協会の情報マネジメントシステム(IMS)運営委員会委員。情報処理技術者試験委員。

　慶應義塾大学商学研究科特別招聘教授。システム監査技術者。

熊谷 堅（くまがい けん）
シニアマネージャー

　大手生命保険会社、コンサルティング会社を経て、2003年KPMGビジネスアシュアランス入社。主に、情報セキュリティ、個人情報保護、事業継続管理、およびITサービスマネジメント関連の内部管理態勢構築に係る各種アドバイザリー業務に従事。

　日本情報処理開発協会のIMS運営委員会委員およびITSMS適合性評価制度技術部会委員。

　公認情報システム監査人(CISA)。

[執筆者]

内山 公雄	シニアマネージャー
牧野 敬一朗	シニアアソシエイト
馬島 曉史	シニアアソシエイト
千財 育子	シニアアソシエイト
横山 大介	シニアアソシエイト
川崎 恵子	アソシエイト

ここに記載されている情報はあくまで一般的なものであり，特定の個人や組織が置かれている状況に対応するものではありません。私たちは，的確な情報をタイムリーに提供するよう努めておりますが，情報を受け取られた時点およびそれ以降においての正確さは保証の限りではありません。何らかの行動を取られる場合は，ここにある情報のみを根拠とせず，プロフェッショナルが特定の状況を綿密に調査した上で下す適切なアドバイスに従ってください。

ITサービスマネジメント構築の実践
ISO 20000とITILの内部統制整備への活用

2007年9月14日　第1刷発行

編　者　KPMGビジネスアシュアランス㈱

発行人　谷　口　弘　芳

発行所　株式会社　日科技連出版社
　　　　〒151-0051　東京都渋谷区千駄ヶ谷5-4-2
　　　　電話　出版　03-5379-1244
　　　　　　　営業　03-5379-1238〜9
　　　　振替口座　東京　00170-1-7309

検印省略

印刷・製本　シナノ

Printed in Japan

© 2007 KPMG Business Assurance Co., Ltd., a company established under the Japan Company Law and a member firm of the KPMG network of independent member firms affiliated with KPMG International, a Swiss cooperative. All rights reserved.

ISBN 978-4-8171-9237-0

URL http://www.juse-p.co.jp/

本書の全部または一部を無断で複写複製（コピー）することは，著作権法上での例外を除き，禁じられています。

━━━━━━━━━━━━━ 好 評 発 売 中 ━━━━━━━━━━━━━

ISO 27001 規格要求事項の解説とその実務
情報セキュリティマネジメントの国際認証制度への対応

島田裕次、榎木千昭、澤田智輝、
内山公雄、五井　孝［著］
A5判、264頁

事業継続マネジメントの構築と運用の実践
事業継続計画（BCP）の上手な作り方

KPMGビジネスアシュアランス㈱［編］
A5判、176頁

早わかり　リスクマネジメント＆内部統制
知っておきたい61のキーワード

KPMGビジネスアシュアランス㈱［編］
A5判、155頁

日科技連出版社の図書案内は、ホームページでご覧いただけます。
URL　http://www.juse-p.co.jp/